- Десять казней -

Жизнь в

ПОСЛУШАНИИ

И

Жизнь в

НЕПОСЛУШАНИИ

Доктор Джей Рок Ли

URIM BOOKS

*«Ибо только Я знаю намерения,
какие имею о вас, говорит Господь,
намерения во благо, а не на зло,
чтобы дать вам будущность и надежду»*

(Иеремия, 29:11)

Жизнь в послушании и жизнь в непослушании

Джей Рок Ли

Опубликовано издательством «Урим Букс». (Представитель: Kyungtae Noh)

73, Yeouidaebang-ro 22-gil, Dongjak-gu, Сеул, Корея

www.urimbooks.com

Все цитаты из Священного Писания, если это не оговорено, взяты из текста Библии в Синодальном переводе.

Первое издание в 2009 г.
Второе издание в 2017 г.

Издано впервые на английском языке в феврале 2008 года. Издана на корейском языке издательством «Urim Books, Урим Букс», Сеул, Корея в 2007 году.

Редактор: д-р Джеум Сан Вин

Дизайн Редакционного бюро «Урим Букс», тираж отпечатан издательской компанией «Уон Принтинг Компани», Сеул, Корея. За дополнительной информацией обращайтесь по электронной почте: urimbook@hotmail.com

Пролог

Гражданская война в США достигла своего апогея, когда шестнадцатый президент Авраам Линкольн объявил день поста и молитвы 30 апреля 1863 года:

«Чудовищные потрясения, которые постигли нас в эти дни, могут быть наказанием за грехи наших отцов. Мы возгордились своими успехами и богатством. В этой гордыне мы позабыли о молитве сотворившему нас Богу. Мы должны исповедаться в грехах нашей страны, смиренно испросив Бога о милости и благодати. Таков долг граждан Соединенных Штатов Америки».

Последовав призыву этого поистине великого политика, многие американцы в тот день воздержались от приема пищи и совершили молитвенный пост.

Благодаря смиренной молитве Богу, Линкольну удалось уберечь США от распада. Ведь Бог действительно помогает нам в преодолении любых невзгод.

Евангелие проповедовали многие учителя веры в течение веков, но многие люди отказывались внимать

Слову Божьему, говоря, что они скорее поверят в собственные силы, чем доверятся Богу.

Сегодня по всему миру меняется климат, происходят беспрецедентные по своим масштабам катастрофы. Несмотря на стремительное развитие медицины, появляются все новые, не поддающиеся лечению, смертельные болезни.

Возможно, у людей появилась уверенность в себе. Люди отдаляют себя от Бога, но, взирая на их внутренний мир, мы не можем не сказать о страхе, боли, нищете и болезни.

В один день каждый из нас может лишиться здоровья. Некоторых людей постигает другое несчастье – потеря близких. Иные, по воле судьбы, лишаются всего. А кто-то из нас, возможно, испытывает трудности на работе.

В таких ситуациях многие с негодованием вопрошают: «Почему это произошло именно со мной?». Но они не находят выхода. Даже многие верующие люди, сталкиваясь с испытаниями и искушениями, не знают, как им поступить.

Однако на все есть своя причина. У каждой проблемы и каждой трудности также имеются причины.

Некогда десять казней обрушились на Египет, но законы Пасхи, записанные в книге «Исход», дают ключи к решению любых проблем, с которыми человечество сталкивается сегодня.

Египет, в духовном смысле, символизирует весь мир, а десять казней египетских и поныне постигают этот мир. Однако не многие люди осознают волю Божью, которая содержится в десяти казнях.

Собственно, Библия не называет эти казни «десятью казнями», поэтому некоторые полагают, что речь идет об одиннадцати или даже двенадцати проклятиях.

В таком случае перечень казней пополняют знамением превращения посоха Аарона в змею. Однако никакого ущерба это чудесное происшествие не принесло, поэтому, в действительности, трудно считать его одним из проклятий.

Змеи в окружавшей иудеев пустыне были весьма ядовиты: достаточно одного укуса, чтобы убить человека; возможно, поэтому даже созерцание змей наводило на людей ужас. И из-за этого, вероятно, некоторые считают этот случай одной из казней.

Помимо превращения посоха в змею, к перечню казней иногда причисляют смерть египетских солдат на дне Красного моря. В тот момент народ Израилев еще не пересек разверзнувшееся Красное море, и поэтому некоторые комментаторы считают, что такова была двенадцатая казнь египетская. Однако важно не число казней, а их духовный смысл и провидение Божье, содержавшееся в них.

В этой книге на контрасте описывается жизнь египетского фараона, ослушавшегося Слова Божьего, и жизнь Моисея, который во всем был послушен Богу. Книга также посвящена любви Бога, по Своей безграничной милости открывшего нам путь спасения через празднование Пасхи, закон обрезания и значение праздника опресноков.

Фараон воочию убедился в могуществе Божьем, но по-прежнему упорствовал в непослушании Ему. Но израильтяне спаслись от всех бедствий, потому что были послушны Богу.

Бог говорит о десяти казнях для того, чтобы мы, осознав, почему нас постигают искушения и испытания, могли решить свои жизненные проблемы и освободиться от своих бед.

Более того, говоря нам о благословениях, которые

приходят в награду за послушание, Он желает, чтобы мы обрели Царство небесное и стали Его истинными детьми.

Каждый, кто прочтет эту книгу, найдет ключ к решению своих жизненных проблем. Книга утолит духовную жажду, словно долгожданный дождь после засухи, и позволит встать на путь обретения ответов на молитвы и благословений.

Я благодарю Гъемсан Вин, директора издательского бюро, и всех тех, чьими усилиями эта книга была опубликована. Я молюсь именем Господа Иисуса Христа, чтобы читатели этой книги пришли к жизни в послушании и, тем самым, обрели удивительную любовь и благословения Божьи.

Джей Рок Ли
Июль 2007 г.

Содержание

Жизнь в непослушании · **1**

Глава 1
Казни египетские · **3**

Глава 2
Жизнь в непослушании и казни · **19**

Глава 3
Казни кровью, жабами и мошкой · **31**

Глава 4
Казни песьими мухами, моровой язвой и
воспалением с нарывами · **49**

Глава 5
Казни градом и саранчой · **65**

Глава 6
Казни тьмой и смертью первенцев · **79**

Жизнь в послушании · 91

Глава 7
Пасха и путь спасения · 93

Глава 8
Обрезание и Святое Причастие · 109

Глава 9
Исход и праздник опресноков · 127

Глава 10
Жизнь в послушании и благословении · 141

Жизнь в
непослушании

«Если же не будешь слушать гласа Господа Бога
твоего и не будешь стараться исполнять все заповеди
Его и постановления Его, которые я заповедую
тебе сегодня, то придут на тебя все проклятия сии
и постигнут тебя. Проклят ты [будешь] в городе
и проклят ты [будешь] на поле. Прокляты [будут]
житницы твои и кладовые твои. Проклят [будет]
плод чрева твоего и плод земли твоей, плод твоих
волов и плод овец твоих. Проклят ты [будешь]
при входе твоем и проклят при выходе твоем»
(Второзаконие, 28:15-19).

Глава 1

Казни египетские

Исход, 7:1-7

«Но ГОСПОДЬ сказал Моисею: смотри, Я поставил тебя Богом фараону, а Аарон, брат твой, будет твоим пророком: ты будешь говорить все, что Я повелю тебе, а Аарон, брат твой, будет говорить фараону, чтобы он отпустил сынов Израилевых из земли своей; но Я ожесточу сердце фараоново, и явлю множество знамений Моих и чудес Моих в земле Египетской; фараон не послушает вас, и Я наложу руку Мою на Египет и выведу воинство Мое, народ Мой, сынов Израилевых, из земли Египетской - судами великими; тогда узнают Египтяне, что Я ГОСПОДЬ, когда простру руку Мою на Египет и выведу сынов Израилевых из среды их. И сделали Моисей и Аарон, как повелел им Господь, так они и сделали. Моисей [был] восьмидесяти, а Аарон восьмидесяти трех лет, когда стали говорить они к фараону»

Все люди достойны счастья, но далеко не каждый чувствует себя счастливым. Особенно в современном мире, где никто не застрахован от различных трагических случайностей, катастроф и преступлений.

Однако есть Тот, кто желает, чтобы мы были самыми счастливыми. Это Бог, наш Отец и Создатель. Для счастья своих детей каждый родитель всем сердцем старается сделать все, не ставя при этом никаких условий. Наш Бог любит нас несоизмеримо сильнее и хочет благословить нас даже многим больше, чем мечтают наши земные родители.

Возможно ли, чтобы такой Бог мог причинить Своим детям страдание или навлечь на них беду? Нет, это далеко не соответствует Божьим намерениям, уготованным для нас.

Если мы сумеем осознать духовный смысл и провидение Божье, заложенные в десяти казнях, некогда постигших Египет, мы сможем понять, что и в этом тоже проявилась Его любовь. Более того, нам станет ясно, как избежать несчастий и, вопреки всем бедам, найти спасительный путь, который приведет нас к благословениям.

Сталкиваясь с трудностями, большинство людей, вместо того чтобы довериться Богу, начинают роптать на Него. Даже среди верующих есть те, кто не понимает Божьего сердца, стоит им оказаться в беде. Они падают духом и отчаиваются.

Иов был богатейшим человеком на Востоке. Но когда его постигли потрясения, он не смог сразу же осознать волю Божью. Он рассуждал так, будто ожидал того, что с ним произошло. Это показано в Книге Иова, 2:10. Он сказал, что если Бог посылает благословения, то Он может послать и несчастья. Однако в этом заключалось непонимание Иовом того, что Бог посылает благословения и бедствия не без причины.

Никогда сердце Божье не пожелает нам бедствий. Оно хочет для нас только мира. Перед тем как мы поговорим о десяти казнях египетских, давайте, задумаемся о перипетиях и обстоятельствах того времени.

Рождение народа Израилева

Израиль является богоизбранным народом. На материале израильской истории мы можем воочию видеть провидение и волю Божью. Израилем был наречен Иаков, внук Авраама. Имя это значит: «...ты боролся с Богом, и человеков одолевать будешь» (Бытие, 32:28).

У Авраама родился Исаак, а у Исаака родились два сына-близнеца. Их звали Исав и Иаков. Необычным при рождении братьев было то, что второй сын, Иаков, вышел из чрева матери, ухватившись за пятку Исава. Иаков претендовал на привилегии первенца, принадлежавшие его старшему брату – Исаву.

Именно поэтому, впоследствии, Иаков выкупил у Исава право первородства за чечевичную похлебку и корку хлеба. Он также ввел в заблуждение своего отца, Исаака, чтобы получить благословения, предназначавшиеся его первенцу, Исаву.

Сегодня нравы людей очень изменились. Право наследования распространяется не только на сыновей, но и на дочерей. Однако в прошлом сын-первенец, как правило, получал все наследство своих предков. Кроме того, отцовскому благословению старшего сына в Израиле придавалось большое значение.

Библия повествует о том, как Иаков обманом получил отцовское благословение, страстно желая обрести Божье благословение. До того как на него снизошли благословения, он должен был преодолеть многочисленные трудности. Ему пришлось скрываться от собственного брата. Двадцать лет он служил своему дяде Лавану, который часто обманывал его.

Когда Иаков вернулся в свой родной город, его жизнь оказалась в опасности: брат Исав все еще был зол на него. Иакову пришлось пройти через все эти трудности, потому что он по сути своей был человеком коварным и искал только собственной выгоды.

Однако, проходя через испытания, он поборол свое эго, свою греховную сущность, потому что он боялся Бога. И таким образом он наконец удостоился Божьих благословений, и от его двенадцати сыновей произошел народ Израилев.

Подготовка к Исходу и явление Моисея

Почему иудеи попали в египетское рабство?

Иаков, отец Израиля, сделал своим любимчиком одиннадцатого сына, Иосифа. Иосифа родила Рахиль, любимая жена Иакова. Братья завидовали Иосифу и в отместку продали его в рабство египтянам.

Иосиф боялся Бога, был честен в своих поступках и всегда ходил путями Божьими. Спустя лишь тринадцать лет после его продажи в рабство, он сделался вторым, после фараона, правителем Египта.

На Ближнем Востоке была страшная засуха, и с помощью Иосифа Иаков и его семейство перебрались в Египет. Благодаря мудрости Иосифа, египтянам удалось избежать последствий засухи. Фараон оказал гостеприимный прием этой семье, даровав им землю Гесем.

Сменилось несколько поколений, и число иудеев значительно увеличилось. Египтяне ощутили угрозу в их лице. После смерти Иосифа прошли сотни лет, и поэтому никто в Египте уже не помнил о его добродетелях.

В конце концов в Египте начались гонения на иудеев, и их сделали рабами. Иудеев заставляли выполнять самую тяжелую работу.

Более того, чтобы народ Израилев не приумножался, фараон приказал иудейкам-повитухам убивать новорожденных младенцев мужского пола.

Моисей, возглавивший Исход, родился именно в эти мрачные времена.

Увидев, как прекрасен был ее сын, мать в течение трех месяцев прятала его. Но настало время, когда женщина более не могла скрывать младенца. Она положила его в плетеную корзину и оставила в зарослях тростника на берегу Нила.

В тот момент дочь фараона решила искупаться в водах Нила. Увидев корзину, она захотела оставить младенца себе. Сестра Моисея, наблюдавшая за происходившим, сразу же посоветовала отдать Моисея кормилице по имени Иохавед, то есть настоящей матери Моисея. Благодаря этому Моисея воспитала его родная мать.

Как и следовало ожидать, Моисей узнал о Боге Авраама, Исаака и Иакова и о народе Израилевом.

Моисей вырос во дворце фараона и получил различные знания, необходимые для него как для будущего правителя. В то же самое время, он имел ясное представление о своем народе и о Боге. В нем зрела любовь и к Богу, и к своему народу.

Бог избрал Моисея в качестве лидера Исхода, и поэтому с самого детства Моисей учился дисциплине, приобретал лидерские качества.

Моисей и фараон

Однажды в жизни Моисея произошел поворотный момент. Его никогда не оставляли мысли об иудейском народе, их страданиях и рабском положении. Как-то раз он увидел египтянина, избивающего иудея. Не в силах сдержать свой гнев, Моисей убил египтянина. Фараон узнал об этом, и Моисею пришлось бежать.

Следующие сорок лет Моисею было предначертано пасти скот в земле Мадиамской. И это было провидение Божье, готовившее Моисея к тому, чтобы возглавить Исход. За сорок лет, в течение которых Моисей пас овец своего тестя, он окончательно отрекся от своего величия египетского принца и обрел высочайшее смирение.

Лишь после этого Бог призвал Моисея встать во главе Исхода.

«Моисей сказал Богу: кто я, чтобы мне идти к фараону и вывести из Египта сынов Израилевых?» (Исход, 3:11).

Сорок лет Моисей был всего лишь скромным пастухом, и он не был уверен в своих силах. Бог же видел его сердце. Чтобы Моисей отправился к фараону и передал ему повеление Божье, Бог являл Моисею многие знамения. Например, превращение посоха в змею.

Моисей в полной мере усмирил себя и подчинился Божьим заповедям. Но, в отличие от Моисея, фараон был человеком упрямым и жестокосердным.

Человек с ожесточенным сердцем не меняется, даже видя деяния Божьи. В Евангелии от Матфея, 13:18-23, приводится знаменитая притча, рассказанная Иисусом о четырех разновидностях земель, на которых сеяли семя. Ожесточенное сердце подобно придорожной земле. Почва на обочине очень твердая, так как она утоптана прохожими. Обладающие таким сердцем совсем не меняются, даже видя деяния Божьи.

В те времена у египтян характер был, как у львов, - очень решительный и отважный. Верховный правитель, фараон, обладал абсолютной властью и считал себя богом. Народ поклонялся ему, как божеству.

Моисей говорил о Боге с людьми, воспитанными в такой культуре. Они ничего не знали о Боге, о котором говорил Моисей и который повелел фараону отпустить иудеев. Слушать Моисея им явно было нелегко.

Еще труднее было получить согласие фараона, так как рабский труд иудеев был выгоден Египту.

И сегодня найдутся люди, считающие наивысшим благом свои познания, славу, власть и богатство. Они ищут лишь своей выгоды и рассчитывают только на свои силы. Они высокомерны и черствы сердцем.

Египтяне во главе с фараоном были жестокосердны. Поэтому они ослушались воли Божьей, которая была передана им через Моисея. Они упорствовали в непослушании до самого конца, до своей смерти.

Конечно, даже вопреки жестокосердию фараона, Бог не допустил больших неприятностей сначала.

Сказано: *«Щедр и милостив Господь, долготерпелив и многомилостив»* (Псалом, 144:8), – и Бог многократно показывал им Свою силу через Моисея. Бог желал, чтобы они признали Его волю и подчинились Ему. Но фараон лишь еще больше ожесточался сердцем.

Бог, знающий сердце и мысли каждого человека, рассказывал Моисею обо всем, что собирался сделать:

«Но Я ожесточу сердце фараоново, и явлю множество знамений Моих и чудес Моих в земле Египетской; фараон не послушает вас, и Я наложу руку Мою на Египет и выведу воинство Мое, народ Мой, сынов Израилевых, из земли Египетской - судами великими; тогда узнают Египтяне, что Я ГОСПОДЬ, когда простру руку Мою на Египет и выведу сынов Израилевых из среды их» (Исход, 7:3-5).

Ожесточенное сердце фараона и десять казней

Описывая события Исхода, Библия многократно употребляет выражение: «ГОСПОДЬ ожесточил сердце фараоново».

Если воспринимать его буквально, то кажется, что Бог намеренно ожесточил сердце фараона, из чего можно заключить, что Бог – своего рода диктатор. Но это не так.

Бог хочет, чтобы все люди спаслись (1-е посл. к Тимофею, 2:4). Он желает, чтобы даже самый жестокосердный человек осознал истину и обрел спасение.

Бог – это Любовь. Он никогда не стал бы ожесточать сердце фараона, чтобы явить Свою славу. Кроме того, тот факт, что Бог многократно посылал Моисея к фараону, позволяет понять, что Бог хотел изменить сердца фараона и всех египтян, чтобы они стали послушными Ему.

Бог во всем руководствуется порядком, любовью и справедливостью, следуя слову Библии.

Если мы творим зло и пренебрегаем Словом Божьим, враг дьявол будет обвинять нас. Поэтому-то мы сталкиваемся с искушениями и испытаниями. Исполняющие Слово Божье и живущие в праведности получают благословения.

Люди действуют согласно собственной свободной воле. Бог не определяет заранее, кто получит благословения, а кто – нет. Если бы Бог не был любящим и справедливым Богом, Он мог бы навлечь большие беды на Египет с самого начала, приведя таким образом фараона к подчинению.

Бог не желает «принудительного послушания», появляющегося из-за страха. Он хочет, чтобы люди добровольно открыли свои сердца и были послушны Ему.

Сначала Он дает нам возможность познать Его волю, чтобы мы смогли проявить послушание. Но стоит нам ослушаться, и Он допускает неприятности, которые позволяют нам осознать происходящее и найти себя.

Всевышний Бог знает людские сердца. Он знает, когда разоблачить зло и как искоренить в себе это зло, чтобы решить свои проблемы.

И сегодня Он ведет нас наилучшими путями, делает все, чтобы мы стали святыми детьми Божьими.

Время от времени Он допускает искушения и испытания, которые мы способны превозмочь. Таким образом мы можем найти в себе зло и искоренить его. Он посылает нам благополучие и здоровье, когда наша душа процветает.

Фараон не отрекся от собственного зла, даже когда оно стало явным. Он ожесточился сердцем и продолжал нарушать Слово Божье. Бог знал сердце фараона и сделал так, чтобы его ожесточенное сердце было разоблачено через бедствия. Поэтому Библия и говорит, что «ГОСПОДЬ ожесточил сердце фараоново».

«Ожесточенное сердце», в целом, значит, что у человека придирчивый и упрямый характер. Но жестокосердие фараона, о котором повествует Библия, заключается не только в злостном непослушании Божьему Слову, но и в противостоянии Богу.

Как было упомянуто выше, фараон непомерно возвеличивал себя и даже уподоблял себя богу. Народ полностью повиновался ему, и ничто не могло его испугать. Если бы фараон обладал благим сердцем, то, видя деяния силы, явленные через Моисея, он бы уверовал в Бога, даже если прежде не ведал Творца.

Например, Навуходоносор, властелин Вавилона, живший в 605 - 562 годах до Р.Х., не знал о Боге, но, став свидетелем силы Божьей, явленной через Даниила и трех его друзей - Седраха, Мисаха и Авденаго, он уверовал в Бога:

«Тогда Навуходоносор сказал: благословен Бог Седраха, Мисаха и Авденаго, Который послал Ангела Своего и избавил рабов Своих, которые надеялись на Него и не послушались царского повеления, и предали тела свои [огню], чтобы не служить и не поклоняться иному богу, кроме Бога своего! И от меня дается повеление, чтобы из всякого народа, племени и языка кто произнесет хулу на Бога Седраха, Мисаха и Авденаго, был

изрублен в куски, и дом его обращен в развалины, ибо нет иного бога, который мог бы так спасать» (Даниил, 3:28-29).

Седрах, Мисах и Авденаго в детстве были угнаны в языческую страну. Но они отказались нарушить заповеди Божьи, поклонившись идолу. Их бросили в раскаленную печь. Но они не только не пострадали, но и ни единый их волос не опалился. Когда Навуходоносор увидел это, он тут же поверил в Бога.

Он не просто поверил в существование Всевышнего Бога, став свидетелем его силы, превосходящей человеческие возможности. Он также воздал славу Богу пред всем своим народом.

Однако фараон отказался верить в Бога, даже когда увидел деяния Его великой силы. Сердце фараоново еще более ожесточилось. Не одно и не два, а все десять казней потребовались, чтобы он отпустил израильтян.

Тем не менее, его ожесточенное сердце практически не изменилось, и он пожалел о том, что разрешил им уйти. Со всем своим войском он погнался за израильтянами и, в итоге, лишился воинов, погибших в Красном море.

Израильтян защищал Всевышний Бог

В то время, когда весь Египет был поражен десятью

казнями, израильтяне, находившиеся там же, в Египте, совершенно не пострадали. Так произошло, потому что Бог даровал земле Гесем, на которой жили израильтяне, Свою особую защиту.

Если Бог защищает нас, мы можем быть в безопасности даже во время катаклизмов и несчастий. Даже если болезнь или невзгоды постигнут нас, мы сможем исцелиться и преодолеть любые тяготы силой Божьей.

Дело не в том, что израильтяне заслужили защиту Божью своей верой и праведностью. Они были защищены потому, что были избранным Богом народом. В отличие от египтян, они искали Бога в своих страданиях и, зная о Нем, могли находиться под Его защитой.

Таким образом, даже если в наших сердцах все еще остается зло, только потому, что мы стали детьми Божьими, мы можем быть защищены от несчастий, которые постигают неверующих.

Это стало возможным, потому что через кровь Иисуса Христа мы получили прощение наших грехов и стали детьми Божьими. Мы более не являемся детьми дьявола, навлекающего на нас испытания и невзгоды.

Более того, по мере возрастания нашей веры, мы более ревностно чтим День Господень, изживаем в себе зло, исполняем Слово Божье и благодаря этому можем получить Божью любовь и благословения.

«Итак, Израиль, чего требует от тебя ГОСПОДЬ,

Бог твой? Того только, чтобы ты боялся ГОСПОДА, Бога твоего, ходил всеми путями Его, и любил Его, и служил ГОСПОДУ, Богу твоему, от всего сердца твоего и от всей души твоей» (Второзаконие, 10:12).

Глава 2

Жизнь в непослушании и казни

Исход, 7:8-13

«И сказал ГОСПОДЬ Моисею и Аарону, говоря: если фараон скажет вам: сделайте чудо, то ты скажи Аарону: возьми жезл твой и брось пред фараоном - он сделается змеем. Моисей и Аарон пришли к фараону, и сделали так, как повелел ГОСПОДЬ. И бросил Аарон жезл свой пред фараоном и пред рабами его, и он сделался змеем. И призвал фараон мудрецов и чародеев; и эти волхвы Египетские сделали то же своими чарами: каждый из них бросил свой жезл, и они сделались змеями, но жезл Ааронов поглотил их жезлы. Сердце фараоново ожесточилось, и он не послушал их, как и говорил ГОСПОДЬ»

Карл Маркс отрицал Бога. Созданное им коммунистическое учение основывается на материализме. Его теории привели к тому, что многие люди забыли о Боге. Казалось, что коммунистическая идеология завоюет весь мир. Однако коммунизм изжил себя за один век.

Крах постиг не только коммунизм, но и самого Маркса, тяжело переживавшего личную трагедию – преждевременную смерть собственных детей.

Фридрих Ницше, который сказал, что «Бог мертв», толкнул многих людей на бунт против Бога. Но вскоре, от страха, он потерял рассудок и кончил жизнь трагически.

Мы можем видеть, что всякого, кто восстает против Бога и нарушает Его Слово, постигают беды, проклятья, которые делают жизнь этих людей невыносимой.

Различия между казнями, испытаниями, искушениями и скорбями

Верующий или неверующий, каждый человек может столкнуться в своей жизни с проблемами. Это происходит потому, что Божий замысел относительно человечества был в преумножении истинных детей Божьих.

Бог даровал нам только лучшее. Однако, с тех пор как грех вошел в человечество по вине Адама, этот мир перешел под контроль врага - дьявола и сатаны. С тех пор люди стали страдать из-за различных трудностей и несчастий.

Ненависть, гнев, алчность, высокомерие и похоть толкают людей на совершение грехов. В зависимости от тяжести греха, они страдают от различных искушений и испытаний, которые посланы врагом - дьяволом и сатаной.

Когда люди сталкиваются с тяжелыми ситуациями, они говорят, что это катастрофа. А когда верующие оказываются в трудном положении, они говорят об «искушениях», «скорбях» и «испытаниях».

Библия также говорит: *И не сим только, но хвалимся и скорбями, зная, что от скорби происходит терпение, от терпения опытность, от опытности надежда* (Посл. к Римлянам, 5:3-4).

В зависимости от того, живет ли человек по истине или нет, в зависимости от того, насколько он верует, невзгоды могут быть названы катастрофами, искушениями или испытаниями.

Например, когда в человеке есть вера, но он поступает не по Слову, которое слышал много раз, Бог не может защитить его от тягот. Это можно назвать «скорбью». Более того, если человек отрекается от веры и поступает не по истине, он будет претерпевать бедствия и катастрофы.

Кроме того, представим себе, что некто слушает Слово и пытается следовать ему на деле, но ему не вполне удается это сразу. В этом случае человек должен побороть свою греховную природу. Когда верующий сталкивается с многочисленными трудностями, ниспосланными ему для борьбы со своей греховной природой, то Библия называет это испытанием или наказанием. Именно такого рода невзгоды и называются «испытаниями».

Кроме того, «искушения» позволяют верующему осознать растет ли он в вере. Таким образом, те, кто пытается жить по Слову, неминуемо проходят через испытания и искушения. Если же человек отрекается от истины и гневит Бога, то его постигнут страдания или казнь.

Причины казней

Когда человек грешит, Бог отвращает от него свой лик. В этом случае враг - дьявол и сатана могут доставить человеку много несчастий. Казнь, или кара, тем страшнее, чем больше человек не послушен Слову Божьему.

Если человек не отвратится от греха, а будет упорствовать в нем, несмотря на постигшую его кару, то он приумножит собственное наказание, подобно тому, как фараон навлек десять казней на Египет. Но стоит человеку покаяться и отвратиться от греха, вскоре по милости Божьей казни прекращаются.

Люди страдают от казней из-за собственной порочности, но их можно разделить на две группы.

Некоторые приходят к Богу, пытаются покаяться и отречься от греха через наказание. Другая группа людей, напротив, не прекращает роптать на Бога, говоря: «Я регулярно хожу в церковь, молюсь и совершаю пожертвования, так почему же мне приходится страдать от всех этих казней?».

Результаты будут совершенно отличаться друг от друга. В первом случае казнь отменится, и на человека снизойдет Божья милость. Но во втором случае люди даже не осознают проблемы, поэтому их ожидают еще большие казни.

Укоренившийся в сердце человека порок, мешает ему признать собственные ошибки и отвратиться от греха. Сердце такого человека настолько ожесточено, что он не откроет своей души даже после проповеди ему Евангелия. Даже уверовав, он не в состоянии понять Слово Божье: он просто посещает церковь, а сам не меняется.

Поэтому, если на вас обрушилась казнь, вы должны понять: в глазах Бога вы совершили что-то неприемлемое. Значит, необходимо незамедлительно отречься от греха и уйти от казни.

Возможности, которые дарует Бог

Фараон отверг Слово Божье, которое ему проповедовал Моисей. Он не отвратился от греха во время малых казней и тем самым навлек на себя казни великие. Пока он, отказываясь подчиниться Богу, совершал злодеяния, вся его страна пришла в упадок и более не могла возродиться. В конечном итоге, его постигла трагическая смерть. Сколь же глуп он был!

«После сего Моисей и Аарон пришли к фараону и сказали: так говорит Господь, Бог Израилев: отпусти народ Мой, чтоб он совершил Мне праздник в пустыне» (Исход, 5:1).

Когда Моисей попросил фараона отпустить израильтян по Слову Божьему, фараон тут же ответил отказом:

«Но фараон сказал: кто такой Господь, чтоб я послушался голоса Его [и] отпустил Израиля? я не знаю Господа и Израиля не отпущу» (Исход, 5:2).

«Они сказали: Бог Евреев призвал нас; отпусти нас в пустыню на три дня пути принести жертву Господу, Богу нашему, чтобы Он не поразил нас язвою, или мечом» (Исход, 5:3).

Когда фараон услышал слова Моисея и Аарона, он безо всякого на то основания обвинил Израильский народ в лени и нежелании думать о работе. Он принудил их к еще более непосильному труду. До этого евреям давали солому для изготовления кирпичей, а теперь их заставили делать то же количество кирпичей без соломы. Им и так нелегко было выполнять требуемый объем работы, но фараон перестал давать солому. Можно видеть, насколько ожесточено было сердце фараона.

И без того тяжелый труд израильтян стал еще тяжелее, и они начали роптать на Моисея. Но Бог еще раз послал Моисея показать знамения фараону. Бог явил фараону, не подчинившемуся Слову Божьему, Свою силу и даровал ему, возможность покаяться:

> *«Моисей и Аарон пришли к фараону, и сделали так, как повелел Господь. И бросил Аарон жезл свой пред фараоном и пред рабами его, и он сделался змеем» (Исход, 7:10).*

Силою Божьей Моисей превратил жезл в змея, чтобы свидетельствовать о Боге Живом фараону, не знавшему Бога.

В духовном мире змеем именуется сатана. Так почему же Бог превратил жезл в змея?

И земля, на которой стоял Моисей, и жезл в его руках принадлежат этому миру. Этот мир принадлежит врагу - дьяволу и сатане. Чтобы символически передать этот факт, Бог избрал змея. Здесь, нам говорится, что неправедные пред очами Божьими всегда подвластны деяниям сатанинским.

Фараон восстал против Бога, и поэтому Бог не мог благословить его. Поэтому-то Богу и было угодно, чтобы жезл превратился в змея, символизирующего сатану. Это было предзнаменованием того, что грядут деяния сатаны. Действительно, последующие казни - кровью, жабами и мошками - являются сатанинскими деяниями.

Следовательно, знамение жезла, превращенного в змея, - это лишь небольшой знак, рассчитанный на то, что догадливый человек поймет его. Иногда подобные знамения могут объясняться обычным совпадением. Это та стадия, когда подлинных разрушений еще не произошло. Это шанс, дарованный Богом, для покаяния.

Фараон призывает волхвов египетских

Когда фараон увидел, как жезл Аарона превратился в змея, он призвал к себе мудрецов и чародеев со всего Египта.

Это были придворные факиры, которые развлекали властелина различными фокусами. Владение искусством чародейства давало им положение при дворе. Они, как правило, перенимали знания у своих предков и даже рождались с этими способностями.

И сегодня мы слышим о разных «магах», способных

пройти через Великую Китайскую стену или сделать Статую Свободы невидимой. Благодаря занятиям йогой, некоторые люди могут спать на тонкой ветви дерева или сидеть в бочке в течение многих дней.

В основном, эти чародейства представляют собой оптический обман. Вместе с тем, такие люди способны на удивительные вещи. Каково же было мастерство придворных заклинателей, из поколения в поколение выступавших перед самим фараоном! Они также развивали в себе способности общаться со злыми духами.

Некоторые чародеи в Корее могут вызывать бесов и способны плясать на битом стекле, не порезавшись. Египетские волхвы также контактировали со злыми духами и совершали невероятные вещи.

Они очень долго упражнялись в своем мастерстве, и, кинув жезл, с помощью обмана и уловок они сделали так, что он тоже выглядел как змея.

Те, кто не признает Бога Живого

Когда Моисей бросил свой жезл и тот превратился в змею, фараон на один момент подумал, что Бог есть и что Бог Израиля – это Бог истинный. Но когда увидел, как чародеи тоже «сделали» из жезла змею, он отказался верить в Бога.

Змеи волхвов были пожраны змеем, в который

превратился жезл Аарона, но фараон счел это совпадением.

В вере совпадений не бывает. Но для человека новообращенного, только что принявшего Господа, сатана приготовил множество козней, чтобы поколебать его веру в Бога. Многие думают, что это - простые совпадения.

Кроме того, некоторые верующие, недавно принявшие Господа, с Божьей помощью решили свои проблемы. Поначалу они признают силу Божью, но со временем начинают думать, что это было простое совпадение.

Есть люди, которые так же, как и фараон, ставший свидетелем превращения жезла в змею, не признают Бога Живого и, даже испытав на себе Божий промысел, считают все простым совпадением.

Некоторые люди могут всецело уверовать в Бога, лишь раз испытав на себе Божий промысел. Другие сначала принимают Бога, а потом начинают думать, что решили свои проблемы собственными силами, благодаря своим знаниям и опыту, или с помощью ближних, и Божьи деяния считают простым совпадением.

Тогда Бог не может не отвернуться от них. Соответственно, уже решенная некогда проблема может появиться опять.

Если это болезнь, которая была исцелена, то она может вернуться или даже усугубиться. Если это проблема в бизнесе, то в будущем могут появиться еще более серьезные трудности, чем прежде.

Когда мы считаем Божий ответ совпадением, это отдаляет нас от Бога. В таком случае та же проблема возвращается, или мы можем попасть в еще более сложную ситуацию.

Схожим образом фараон счел Божье деяние совпадением, и поэтому навлек настоящие казни.

«Сердце фараоново ожесточилось, и он не послушал их, как и говорил Господь» (Исход, 7:13).

Глава 3

Казни кровью,
жабами и мошкой

«И сделали Моисей и Аарон, как повелел Господь. И поднял [Аарон] жезл и ударил по воде речной пред глазами фараона и пред глазами рабов его, и вся вода в реке превратилась в кровь» (7:20).

«И сказал Господь Моисею: скажи Аарону: простри руку твою с жезлом твоим на реки, на потоки и на озера и выведи жаб на землю Египетскую. Аарон простер руку свою на воды Египетские; и вышли жабы и покрыли землю Египетскую» (8:5-6).

«И сказал Господь Моисею: скажи Аарону: простри жезл твой и ударь в персть земную, и сделается [персть] мошками по всей земле Египетской. Так они и сделали: Аарон простер руку свою с жезлом своим и ударил в персть земную, и явились мошки на людях и на скоте. Вся персть земная сделалась мошками по всей земле Египетской» (8:16-17).

«И сказали волхвы фараону: это перст Божий. Но сердце фараоново ожесточилось, и он не послушал их, как и говорил Господь» (8:19).

Бог сказал Моисею, что сердце фараона ожесточится, и он откажется отпустить израильтян, даже увидев, как посох превратится в змею. Тогда Бог подробно объяснил Моисею, что делать:

«Пойди к фараону завтра: вот, он выйдет к воде, ты стань на пути его, на берегу реки, и жезл, который превращался в змея, возьми в руку твою» (Исход,7:15).

Моисей встретил фараона, гуляющего по берегу Нила. Моисей передал ему слова Бога, держа посох, который в его руке превратился в змею:

«...и скажи ему: Господь, Бог Евреев, послал меня сказать тебе: отпусти народ Мой, чтобы он совершил Мне служение в пустыне; но вот, ты доселе не послушался. Так говорит Господь: из сего узнаешь, что Я Господь: вот этим жезлом, который в руке моей, я ударю по воде, которая в реке, и она превратится в кровь, и рыба в реке умрет, и река воссмердит, и Египтянам омерзительно будет пить воду из реки» (Исход, 7:16-18).

Казнь кровью

Вода - неотъемлемая часть жизни человека, и она необходима для ее поддержания. Организм человека на семьдесят процентов состоит из воды; жизнь ни одного живого существа не возможна без воды.

Сегодня, на фоне роста населения земли и экономического развития, многие страны страдают от недостатка воды. ООН провозгласила Всемирный день водных ресурсов, чтобы напомнить странам о важности воды и необходимости эффективного использования ограниченных водных ресурсов.

В Древнем Китае существовал даже верховный распорядитель, ответственный за расход воды. Мы просто можем видеть воду, окружающую нас, но при этом совсем не осознавать ее значимости в нашей жизни.

Насколько огромной была бы проблема превращения воды в кровь по всей стране! Фараон и египтяне столкнулись с таким невероятным явлением. Вода в Ниле превратилась в кровь.

Но фараон ожесточил свое сердце и не послушал Божьего Слова, потому что увидел, что его чародеи тоже сумели превратить воду в кровь.

Моисей показал ему Живого Бога, но фараон посчитал это простым совпадением и отверг Его. Так, имевшееся в нем зло навлекло на него казни.

Моисей и Аарон делали все только по велению Бога. На глазах у фараона и его слуг Моисей поднял свой посох и ударил им по воде Нила, и вся вода в реке превратилась в кровь.

После этого египтянам пришлось копать колодцы вблизи Нила, чтобы добыть питьевую воду. Это было первой казнью.

Духовное значение казни кровью

Каково духовное значение казни кровью?

Большая часть Египта – безжизненная пустыня и дикая природа. Поэтому превращение питьевой воды в кровь принесло большие страдания фараону и его народу.

Они не только лишились питьевой воды и воды для своих повседневных нужд, вся рыба в воде погибла и стала издавать запах гниения. Это было трудно вынести.

В этом смысле, казнь кровью духовно относится к страданиям, вызванным обстоятельствами, напрямую касающимися нашей повседневной жизни. Есть вещи, которые раздражают и причиняют боль, и исходят они от самых близких нам людей, к примеру членов семьи, друзей и коллег.

В нашей христианской жизни такая казнь может проявляться в виде преследований или искушений, которым нас подвергают ближайшие друзья, родители, родственники или соседи. Конечно, те, кто имеют глубокую веру, легче все это преодолеют, но маловерам преследования и боль доставят большие страдания.

Испытания, приходящие на тех, в ком зло

Различаются две категории испытаний.

Первая – это искушения, вызванные тем, что мы не живем по Слову Божьему. В этот период, если мы быстро покаемся в грехах и отрешимся от них, Бог уберет испытание.

Послание Иакова, 1:13-14, гласит: *«В искушении никто не говори: Бог меня искушает; потому что Бог не искушается злом и Сам не искушает никого, но каждый искушается, увлекаясь и обольщаясь собственною похотью».*

Причиной, почему мы сталкиваемся с трудностями, являются наши желания, идя на поводу у которых, мы не живем по Слову Божьему, поэтому враг дьявол и обрушивает на нас искушения.

Во-вторых, случается, даже пытаясь быть верными христианским принципам, мы все-таки встречаем некоторые испытания. Это козни сатаны, пытающегося вынудить нас оставить веру.

Если в такой ситуации мы идем на компромисс, трудности усугубляются, препятствуя благословениям. Некоторые люди теряют и ту малую толику веры, которой обладали, и возвращаются к мирской жизни.

В любом случае, и то, и другое вызвано злом в наших сердцах. Таким образом, мы должны усердно искать в себе любые формы зла и избавляться от них. Мы должны молиться с верой и благодарить Бога. Тогда мы сумеем преодолеть испытания.

Подобно тому, как змей Моисея пожрал змеев египетских чародеев, так и мир сатаны также подвластен Богу. Когда Бог впервые призвал Моисея, Он явил ему знамение, превратив жезл в змея (Исход, 4:4). Это символизирует факт того, что, даже если искушение приходит в результате козней сатаны, нам достаточно показать свою веру и полностью положиться на Бога, тогда Он вернет все в нормальное русло.

С другой стороны, если мы идем на компромиссы, то это не вера, и мы не можем рассчитывать на Божье вмешательство. Сталкиваясь с искушениями, нам следует полностью полагаться на Бога, и тогда мы увидим, как Бог Своей силою отведет от нас искушение.

Все подвластно Богу. Поэтому при любых искушениях, больших и малых, если мы в полной мере доверяемся Богу и исполняем Его Слово, то искушения ничего не значат для нас. Сам Бог решит нашу проблему и выведет нас на путь процветания во всем.

Но важно при этом то, что от малой казни оправиться мы можем легко, тогда как от большой казни полностью восстановиться крайне трудно. Поэтому мы постоянно должны испытывать себя в истине, изгонять всякого рода зло и жить по Слову Божьему, тем самым оберегая себя от каких-либо казней.

Искушения людей веры приводят к благословениям

Иногда бывают исключительные случаи. Даже те, чья вера очень сильна, могут столкнуться с искушениями. Апостол Павел, Авраам, Даниил и трое его друзей, Иеремия – все они сталкивались с искушениями. Даже Иисуса трижды искушал дьявол.

Равно также, искушения, которым подвергаются верующие люди, пойдут им во благо. Если верующий будет радоваться и благодарить Бога, полностью положится на Него, искушения превратятся в благословения, и они смогут прославить Бога.

Итак, верующие могут быть искушаемы ради обретения ими благословений. Однако их никогда не постигнет казнь. Казни, или проклятия, обрушиваются на тех людей, которые совершают поступки, являющиеся в глазах Бога серьезными ошибками.

Например, апостол Павел подвергся гонениям за Господа, но через гонения он обрел великую силу и сыграл решающую роль в проповедывании Евангелия в Римской империи, став апостолом для язычников.

Даниил не пошел на поводу у завистливых и злых людей. Он не прекращал молиться и ходить в праведности. В конечном счете, его бросили в ров со львами, но он остался цел и невредим. Он воздал хвалу Богу .

Иеремия, скорбя, со слезами на глазах предостерегал народ, грешивший против Бога. За это его били и сажали в темницу. Но даже в ситуации, когда Иерусалим пал к ногам вавилонского властелина Навуходоносора, когда смерть постигла многих, а оставшихся в живых угнали в рабство, Иеремия был в безопасности и пользовался расположением царя.

С верой Авраам преодолел испытание, проявив готовность принести в жертву своего сына Исаака, и заслужил право называться другом Бога. Он обрел такие великие духовные и материальные благословения, что даже царь оказывал ему почести.

Как уже говорилось, в большинстве случаев испытания даются нам из-за существующего в нас разного рода зла, но в отдельных случаях люди Божьи тоже проходят через испытания веры. Однако такие искушения ведут к благословениям.

Казнь жабами

Даже спустя неделю, после того как воды Нила превратились в кровь, сердце фараона оставалось ожесточенным. Из-за того, что его чародеи тоже превратили воду в кровь, он отказался отпустить израильтян.

Как властелин страны фараон нес ответственность за свой народ, страдавший от нехватки воды, но из-за своего жестокосердия он не заботился об этом.

Ожесточенное сердце фараона навлекло вторую казнь на Египет.

«И воскишит река жабами, и они выйдут и войдут в дом твой, и в спальню твою, и на постель твою, и в домы рабов твоих и народа твоего, и в печи твои, и в квашни твои, и на тебя, и на народ твой, и на всех рабов твоих взойдут жабы» (Исход, 8:3-4).

Как и сказал Бог Моисею, когда Аарон протянул руку с жезлом над водами Египетскими, неисчислимое количество жаб покрыло всю страну. Затем маги, пользуясь своим таинственным искусством, сделали то же.

Исключая Антарктиду, на планете можно встретить более 400 разновидностей лягушек. Их размер варьируется от 2,5 до 30 см.

Некоторые народы употребляют лягушек в пищу, но

у большинства людей один их вид вызывает отвращение. Лягушку легко узнать по характерно выпученным глазам и отсутствию хвоста. Их перепончатые лапы и бугорчатая кожа всегда покрыты слизью. Все это производит на человека определенно отталкивающее впечатление.

Не пара-тройка, а несчетное множество жаб покрыло Египет. Они сидели на обеденных столах, скакали в спальнях и на постелях. Это не давало людям возможности насладиться едой или мирным, спокойным отдыхом.

Духовное значение казни жабами

Каково же духовное значение казни жабами?

Откровение, 16:13, использует одно выражение: «Три духа нечистых, подобных жабам». Жабы относятся к числу нечистых животных и в духовном смысле олицетворяют сатану.

То, что жабы проникли во дворцы фараона, его сановников и обычных людей, значит, что эта казнь в равной степени постигла всех, независимо от положения в обществе.

Кроме того, жабы в постелях египтян стали знамением разлада в семейной жизни, раздора между мужьями и женами.

Например, представим себе, что у мужа верующей

жены есть любовница. Когда его измена становится явной, он начинает оправдываться, что это, якобы, произошло, потому что «жена постоянно ходит в церковь».

Если жена верит своему мужу, который во всех личных проблемах винит церковь, и отдаляется от Бога, то возникает проблема, порожденная «кознями сатаны в постели».

Казнь такого рода обрушивается на людей, потому что в их сердцах обитает зло. Кажется, что они ведут жизнь добрых христиан, но с каждым искушением сердца их все более трепещут. Они теряют и веру, и надежду на Небеса. У них исчезают и радость, и мир, и сложившаяся ситуация приводит их в ужас.

Но если они действительно уповают на Небеса и любят Бога, если у них есть истинная вера, то земные тяготы не вызовут у них страданий. Напротив, они стойко перенесут их и начнут получать благословения.

Жабы проникли также в печи и в квашню. Квашня имеет прямое отношение к нашему насущному хлебу, а печь - это рабочее место, сфера деловой активности. Все это, в целом, обозначает, что козни сатаны проникают в семьи, отражаются на работе и бизнесе и даже касаются нашего хлеба насущного. И так каждый попадает в трудную, стрессовую ситуацию.

В такой ситуации некоторые люди не могут преодолеть мысль о том, что «испытания эти приходят из за моей веры в Иисуса», и возвращаются к жизни в миру. То есть они сворачивают с пути спасения и вечной жизни.

Но стоит им признать тот факт, что невзгоды объясняются их маловерием и собственными грехами, стоит им покаяться в них, козни сатанинские прекращаются, и Бог протягивает им Свою руку, помогая преодолеть невзгоды.

Если у нас действительно есть вера, то никакое испытание и никакая кара не станут проблемой для нас. Даже если мы столкнемся с испытанием, но будем радоваться, благодарить, сохранять бдительность и молиться, все наши проблемы могут быть разрешены.

«И призвал фараон Моисея и Аарона и сказал: помолитесь ГОСПОДУ, чтоб Он удалил жаб от меня и от народа моего, и я отпущу народ [Израильский] принести жертву ГОСПОДУ» (Исход, 8:8).

Фараон попросил Моисея и Аарона убрать жаб, которыми кишела вся страна. По молитве Моисея жабы подохли, покинув жилища, дворы и поля египтян.

Люди сваливали их в кучи, засорив всю землю. Казалось бы, пришло избавление. Однако, увидев это, фараон изменил свое решение. Он обещал отпустить народ Израиля, когда исчезнут жабы, но потом передумал.

«И увидел фараон, что сделалось облегчение, и ожесточил сердце свое, и не послушал их, как и говорил Господь» (Исход, 8:15).

«Ожесточение сердца» фараона говорит о его упрямстве. Даже многократно засвидетельствовав деяния Божьи, он отказался послушаться Моисея. В результате, на Египет была навлечена еще одна казнь.

Казнь мошками

Бог сказал Моисею в Исходе, 8:16: *«Скажи Аарону: простри жезл твой и ударь в персть земную, и сделается [персть] мошками по всей земле Египетской».*

Когда Моисей и Аарон исполнили то, что было им велено, прах земной превратился в мошки, распространившиеся по всему Египту.

Чародеи попытались с помощью своих таинств повторить это чудо, но их постигла неудача. Наконец они осознали, что ничего подобного человеческими силами совершить невозможно, и признались в этом своему властелину:

«Это перст Божий» (Исход, 8:19).

До сих пор волхвы могли повторять такие чудеса, как

превращение жезла в змея, воды в кровь, появление жаб. Но теперь они оказались бессильны.

Наконец им тоже пришлось признать силу Божью, явленную через Моисея. Но фараон по-прежнему был ожесточен сердцем и не слушал Моисея.

Духовное значение казни мошками

Древнееврейское слово «киним» может быть переведено как «вши, блохи или мошки». Так обозначали мелких насекомых, которые жили в нечистых местах. Они присасываются к телу человека или животного и сосут кровь. Обычно их находят в волосах, человеческой одежде или в шерсти животных. Существует более 3.300 видов различных мошек.

Укус этих насекомых-кровососов вызывает зуд. Он может также вызывать вторичную инфекцию, например, лихорадку или сыпной тиф.

В наше время в городах, где чисто, найти мошку нелегко, но при отсутствии гигиены на теле человека паразитирует множество насекомых.

Что конкретно имеется в виду под «казнью мошкой»?

Прах земной превратился в мошек. Прах – это микроскопические частицы, которые можно сдуть одним лишь дыханием. Диаметр их составляет от 3-х – 4-х микрон до 0,5 миллиметра.

Подобно тому, как самая ничтожная пылинка может превратиться в мошку, которая сосет кровь и навлекает на человека физические страдания, казнь мошками символизирует те случаи, когда, казалось бы, незначительное, ничего не стоящее обстоятельство внезапно вырастает в колоссальную, кровоточащую проблему.

Обычно зуд причиняет меньше боли, чем другие заболевания, но он очень раздражает. Кроме того, подобно тому, как мошки живут в нечистотах, казнь мошками происходит там, где есть зло в той или иной форме.

Например, небольшая ссора между братьями или супругами может развиться в серьезный раздор. Разговоры о незначительных событиях прошлого тоже могут породить большой конфликт в настоящем. Такова также казнь мошками.

Когда такие формы зла, как зависть или ревность, перерастают в сердце в ненависть, когда человек не может более сдерживать свой нрав и гневается на ближнего, когда малая ложь превращается в большую, -- все это примеры казни мошками.

Тогда, когда существуют скрытые формы зла в сердце, тогда есть и скорбь в сердце человека. Ему может показаться сложной жизнь христианина. Он может заболеть легким заболеванием. Это тоже казнь мошками. Если у нас появляются внезапный жар или простуда, мелкие склоки и недоразумения, нужно незамедлительно проанализировать свои поступки и покаяться в прегрешениях.

Почему же тогда мошки поражают животных? Животные являются одушевленными существами, и в те времена по числу голов скота, наряду с земельным наделом, судили о достатке человека. У фараона и его министров были виноградники и огромные стада.

Что сегодня считается нашей собственностью? Не только недвижимость, земля и собственное дело, но и члены наших семей входят в категорию того, что нам принадлежит. А так как животные – это одушевленные существа, их символически можно отнести к членам семьи, живущим вместе.

То, что мошки поразили и людей, и животных, значит, что, когда малые проблемы вырастают в большие, страдаем не только мы сами, но и наши близкие.

Таковы случаи, когда дети страдают из-за проступков родителей или когда муж расплачивается за ошибки своей жены.

В Корее многие дети поражены атопическим дерматитом. Болезнь начинается с небольшого зуда, который вскоре распространяется по всему телу, вызывает сыпь и гноящиеся нарывы на коже.

В сложных случаях на коже ребенка могут образовываться трещины, которые покрывают все тело, с головы до пят. В местах разрыва кожи появляются гнойники и кровотечения.

Родители убиваются горем, видя, как страдают их дети, и они совершенно бессильны прекратить эти мучения.

Кроме того, бывает так, что родители сердятся на своих малых детей, а у тех вскоре появляется жар. Во многих случаях болезни маленьких детей вызваны проступками родителей.

Если в такой ситуации родители проанализируют свою жизнь и покаются в неисполнении долга, в отсутствии мира с другими людьми или в каком-либо ином грехе против Бога, детям вскоре вернется здоровье.

Мы можем видеть, что Бог допускает такие вещи, и это тоже проявление Его любви. Казнь мошками постигает тех, в ком живет та или иная форма зла. Таким образом, мы не должны считать совпадениями даже самые, казалось бы, незначительные происшествия: вместо этого нам следует незамедлительно покаяться и отвернуться от греха.

Глава 4

Казни песьими мухами, моровой
язвой и воспалением с нарывами

Исход, 8:21-9:11

«Так и сделал Господь: налетело множество песьих мух в дом фараонов, и в домы рабов его, и на всю землю Египетскую: погибала земля от песьих мух» (8:24).

«То вот, рука Господня будет на скоте твоем, который в поле, на конях, на ослах, на верблюдах, на волах и овцах: будет моровая язва весьма тяжкая; и разделит Господь между скотом Израильским и скотом Египетским, и из всего [скота] сынов Израилевых не умрет ничего. И назначил Господь время, сказав: завтра сделает это Господь в земле сей. И сделал это Господь на другой день, и вымер весь скот Египетский; из скота же сынов Израилевых не умерло ничего» (9:3-6).

«Они взяли пепла из печи и предстали пред лице фараона. Моисей бросил его к небу, и сделалось воспаление с нарывами на людях и на скоте. И не могли волхвы устоять пред Моисеем по причине воспаления, потому что воспаление было на волхвах и на всех Египтянах» (9:10-11).

Египетские чародеи признали Божью силу после того, как увидели казнь мошками. Но ожесточенный сердцем фараон не слушал Моисея. Силы Божьей, проявленной до этого времени, было достаточно, чтобы он уверовал в Бога. Но он полагался на свои могущество и власть, считал себя богом, и поэтому не боялся Бога.

Казни продолжались, но он не покаялся, а только еще более ожесточался сердцем. Поэтому следующая казнь была еще страшней. До момента казни мошками они могли еще восстановиться, повернувшись вспять. Но в этот раз им было труднее оправиться.

Казнь песьими мухами

Следуя Слову Божьему, Моисей предстал перед фараоном рано утром. Он еще раз передал ему послание от Бога – отпустить народ Израиля.

> *«И сказал Господь Моисею: завтра встань рано и явись пред лице фараона. Вот, он пойдет к воде, и ты скажи ему: так говорит Господь: отпусти народ Мой, чтобы он совершил Мне служение»* *(Исход, 8:20).*

Тем не менее, фараон не послушал Моисея. Это вызвало наказание в виде появления песьих мух не только во дворце фараона и в домах его сановников, но и по всей земле Египетской. Мухи были повсюду.

Мухи эти опасны. Они являются переносчиками таких заболеваний, как тиф, холера, туберкулез и проказа. Обычная муха может плодиться везде: на человеческих испражнениях, в мусорных кучах. Они питаются всем, что находят. Пищеварение у них быстрое, и каждые пять минут мухи выделяют экскременты.

Различные патогенные организмы, оставаясь на продуктах питания или посуде, могут проникнуть в человеческий организм. Хоботок и конечности мух покрыты жидкостью, которая тоже переносит патогенные организмы. Они – самые большие переносчики заразных болезней.

Сегодня существует много превентивных мер и способов лечения, поэтому болезней, переносчиками которых являются мухи, осталось не так уж и много. Но в древности эпидемии уносили многие жизни. Не говоря уже о заразных болезнях, если мухи садятся на еду, трудно есть ее, так как она становится нечистой.

А в Египте тогда появились не одна-две, а бесчисленное множество мух. Как, должно быть, страдали люди! Им, наверное, было страшно уже от вида того, что творилось вокруг них.

Урон от ужасающего роя мух был нанесен всей земле Египетской. Это означает, что в результате бунта пострадал не только фараон, но и все жители Египта.

Чтобы показать четкое различие между израильтянами и египтянами, в Гесеме, в той земле, где жили израильтяне, мух не было.

«Пойдите, принесите жертву Богу вашему в сей земле» (Исход, 8:25).

До того как Бог наслал первую казнь, Он приказал им принести Ему жертву в пустыне, но фараон приказал им приносить жертву на земле Египетской. Моисей отказался это делать и объяснил причину:

«...нельзя сего сделать, ибо отвратительно для Египтян жертвоприношение наше Господу, Богу нашему: если мы отвратительную для Египтян жертву станем приносить в глазах их, то не побьют ли они нас камнями?» (Исход, 8:26).

Моисей настаивал на том, чтобы им уйти в пустыню на три дня и исполнить повеление Бога. В ответ фараон запретил ему уходить так далеко и просил также молиться о нем.

Моисей сказал фараону, что мухи исчезнут на следующий же день, и попросил его сдержать свое слово и отпустить народ Израиля.

Но когда мухи, после молитвы Моисея, исчезли, фараон передумал и не отпустил народ Израиля. Этот поступок показывает нам, насколько обманчив и хитёр он был. Мы также видим, почему ему пришлось принять все эти казни.

Духовное значение казни мухами

Подобно тому, как мухи садятся на нечистые поверхности и переносят заразные болезни, так и сердце человека, если оно злое и нечистое, то он будет говорить недобрые слова, и это станет причиной различных болезней и проблем. Это – казнь мухами.

Такое наказание, когда оно приходит, карает не только самого человека, но и его супругу или супруга, оно приходит и на рабочее место.

В Евангелии от Матфея, 15:18-19, говорится: «*А исходящее из уст - из сердца исходит; сие оскверняет человека; ибо из сердца исходят злые помыслы, убийства, прелюбодеяния, любодеяния, кражи, лжесвидетельства, хуления*».

Что у человека на сердце, то у него и на устах. Из доброго сердца исходят добрые слова, из нечистого сердца – нечистые слова. Если в нас ложь и лукавство, ненависть и гнев, такого же рода будут и наши слова и поступки.

Клевета, осуждение, обвинения и проклятия исходят из злого и нечистого сердца. От Матфея, 15:11, гласит: «...не то, что входит в уста, оскверняет человека, но то, что выходит из уст, оскверняет человека».

Даже неверующие говорят так: «Слова падают как семена» или «Пролитую воду не влить обратно».

Невозможно взять свои слова обратно. Исповедание уст очень важно, особенно в жизни христиан. В зависимости от того, какие слова вы произносите, позитивные или негативные, они могут иметь для вас различные последствия.

Если мы болеем обычной простудой или простым инфекционным заболеванием, это относится к категории наказания мошками. Если мы сразу каемся, мы можем выздороветь. Но при казни мухами мы не можем мгновенно восстановиться, даже если покаемся. Поскольку эта казнь вызвана большим злом, чем в случае казни мошкой, нам придется принять возмездие.

Следовательно, если мы имеем дело с казнью мухами, мы должны оглянуться назад и искренне покаяться во всех злых словах и других подобных вещах. Только после того, как мы покаемся, проблема может быть разрешена.

В Библии мы можем найти людей, получивших кару за свои злые слова. Так случилось с Мелхолой, дочерью царя Саула, женой царя Давида. В 6-й главе 2-й кн. Царств написано, что, когда Ковчег Господа Бога вернули в город Давида, Давид был так счастлив, что плясал перед всем народом.

Ковчег Господа был символом Божьего присутствия. Его забрали филистимляне во времена судей, но потом вернули. Он не мог находиться в скинии, и поэтому временно, в течение почти 70-ти лет, хранился в Кирьят-Иариме. После восхождения на престол, Давид смог перенести Ковчег в скинию в Иерусалиме. Это событие наполнило Давида радостью.

Не только Давид, но и весь народ радовался и восхвалял Бога. Но Мелхола, которая тоже должна была радоваться вместе с мужем, отнеслась к царю с презрением.

«Когда Давид возвратился, чтобы благословить дом свой, то Мелхола, дочь Саула, вышла к нему на встречу и сказала: как отличился сегодня царь Израилев, обнажившись сегодня пред глазами рабынь рабов своих, как обнажается какой-нибудь пустой человек!» (2-я кн. Царств, 6:20).

Что на это сказал Давид?

«Пред Господом, Который предпочел меня отцу твоему и всему дому его, утвердив меня вождем народа Господня, Израиля; пред Господом играть и плясать буду; и я еще больше уничижусь, и сделаюсь еще ничтожнее в глазах моих, и пред служанками, о которых ты говоришь, я буду славен» (2-я кн. Царств, 6:21-22).

Из-за своих злых слов Мелхола до самой смерти

оставалась бездетной.

Подобно этому, люди много грешат устами и даже не осознают, что их слова – грех. Из-за беззаконий, творимых устами, воздаяние за грех приходит на рабочие места, в бизнес и семьи, но они даже не понимают, почему это происходит с ними. Бог также говорит нам о важности наших слов:

> *«Нечестивый уловляется грехами уст своих; но праведник выйдет из беды. От плода уст [своих] человек насыщается добром, и воздаяние человеку - по делам рук его» (Притчи, 12:13-14).*

> *«От плода уст [своих] человек вкусит добро, душа же законопреступников - зло. Кто хранит уста свои, тот бережет душу свою; а кто широко раскрывает свой рот, тому беда» (Притчи, 13:2-3).*

> *«Смерть и жизнь – во власти языка, и любящие его вкусят от плодов его» (Притчи, 18:21).*

Нам следует понять, какие могут быть последствия от произнесенных нами злых слов, чтобы впредь говорить только добрые и красивые слова, слова праведности, света и исповедания веры.

Казнь моровой язвой

Даже пострадав от казни мухами, фараон еще больше ожесточился и отказался отпустить израильтян. Тогда Бог допустил казнь моровой язвой.

В этот раз Бог опять, прежде чем послать бедствие, повелел Моисею придти к фараону. Он должен был передать Его волю:

> *«Ибо если ты не захочешь отпустить и еще будешь удерживать его, то вот, рука Господня будет на скоте твоем, который в поле, на конях, на ослах, на верблюдах, на волах и овцах: будет моровая язва весьма тяжкая; и разделит Господь между скотом Израильским и скотом Египетским, и из всего [скота] сынов Израилевых не умрет ничего» (Исход, 9:2-4).*

Чтобы они поняли, что это не было совпадением, но наказанием, совершаемым Божьей силой, Бог установил точное время, говоря: «Завтра сделает это Господь на земле сей». Этим Он продолжал давать им возможность покаяться.

Если бы фараон хотя бы в малой степени признал силу Божью, он бы изменил свое мнение и не пострадал бы от еще большей казни.

Но он не изменил своего решения. И в результате

их поразила моровая язва, и скот, пасущийся в поле, – лошади, ослы, верблюды, волы и овцы - пал.

В противовес этому не пострадало ни одно животное, принадлежавшее израильтянам. Бог дал им знать, что Он Живой и исполняет Свое Слово. Фараон очень хорошо знал об этом, но, тем не менее, сердце его все еще было ожесточено, и он не изменил своего решения.

Духовное значение казни моровой язвой

Моровая язва – это любая, быстро распространяющаяся и убивающая большое число людей и животных болезнь. Весь скот в Египте пал, и мы можем представить, какой ущерб был нанесен египтянам.

Например, черная смерть, или бубонная чума, распространившаяся в Европе в XIV столетии, была на самом деле эпидемией, начавшейся с таких животных, как белки и крысы. Но болезнь поразила людей через блох и вызвала много смертей. Являясь инфекционной, болезнь, при том невысоком уровне развития медицины, унесла многие человеческие жизни.

Домашний скот - коровы, лошади, овцы и козы являлись определяющими благополучия людей. Так, по поголовью домашних животных судили о состоянии фараона, министров и народа. Домашний скот –

одушевленные существа, поэтому они стоят в одном ряду с членами семьи, коллегами и друзьями, которые окружают нас дома и на работе.

Причиной моровой язвы, поразившей домашних животных в Египте, была нечестивость фараона. В духовном смысле казнь моровой язвой означает, что члены нашей семьи могут заболеть, если мы аккумулируем зло, и Бог отворачивается от нас.

Например, когда родители не покорны Богу, их любимые дети могут заболеть чем-то, что с трудом поддается лечению. Или из-за порочности мужа может заболеть его жена. Когда такого рода казни сходят на нас, нам нужно не только оглянуться назад, на себя, но и все члены семьи должны покаяться вместе.

В Исходе, начиная с 20:4 и далее, говорится, что за идолопоклонство взыщется до третьего и четвертого колен.

Конечно, любящий Бог не будет слепо наказывать всех. Если дети добры сердцами, принимают Бога и живут в вере, они не получат казней, вызванных грехами их родителей.

Если дети будут преумножать то зло, что они унаследовали от своих родителей, то им придется расплачиваться за грехи. Во многих случаях дети, родившиеся в семьях, в которых поклонялись идолам, имеют врожденные дефекты или психические расстройства.

У некоторых людей по стенам их жилища развешаны

амулеты. Другие обожествляют идолов Будды. Кто-то записывает свои имена в буддистских храмах. В случаях такого опасного поклонения идолам даже если не они пострадают от наказаний, то у их детей могут быть серьезные проблемы.

Поэтому родители должны всегда стоять в истине, чтобы их грехи не пали на детей. Если кто-либо из членов семьи заболевает трудноизлечимой болезнью, им надо убедиться, не было ли это вызвано их грехами.

Казнь воспалением с нарывами

Фараон видел падеж египетского скота и послал человека проверить, что происходило в Гесеме, где жили израильтяне. У них не пострадало ни одно животное, в отличие от египтян.

И даже увидев неоспоримые дела Божьи, фараон не повернулся к Богу.

«Фараон послал [узнать], и вот, из скота Израилевых не умерло ничего. Но сердце фараоново ожесточилось, и он не отпустил народа» (Исход, 9:7).

Наконец, Бог велел Моисею и Аарону взять по полной горсти пепла из печи и приказал Моисею бросить пепел в небо на глазах у фараона. Когда они выполнили повеление Бога, у людей и у животных появились воспаления с нарывами.

Воспаление с нарывом – это острое гнойно-некротическое воспаление волосяного мешочка и окружающей соединительной ткани, вызываемое бактериями.

В серьезных случаях требуется хирургическое вмешательство. Некоторые нарывы доходят до 10 см в диаметре. Опухая, они вызывают повышение температуры тела, слабость, в некоторых случаях человек не может даже ходить. Это очень болезненно.

Воспаления поразили людей и животных, и даже чародеи не устояли перед Моисеем, заболев этой болезнью.

От моровой язвы пал только скот. От воспалений с нарывами пострадали не только животные, но и люди.

Духовное значение казни воспалениями

Моровая язва – это внутреннее заболевание, но нарыв проявляется снаружи тогда, когда что-то внутри становится угрожающе серьезным.

Например, маленькая раковая клетка растет и наконец проявляется. Так же обстоит дело с инсультом или параличом, легочными заболеваниями и ВИЧ-инфекцией.

Этими болезнями обычно страдают люди упрямого характера. В каждом случае могут быть свои особенности, но, в основном, они, как правило, вспыльчивы, высокомерны, не прощают других, считают себя лучше всех. Они также настаивают на своем и игнорируют чужое мнение. Это происходит из-за недостатка любви. Поэтому их и постигают казни.

Иногда мы удивляемся: «Он такой мягкий и добрый, почему он так болеет?». Но, несмотря на внешние проявления кротости, он на самом деле не является таковым в глазах Бога.

Если сам человек не упрям, то, возможно, это происходит из-за серьезных прегрешений, совершенных его предками (Исход, 20:5).

Если казнь наступает из-за члена семьи, проблема решится, если все члены семьи вместе покаются. Если они станут мирной и прекрасной семьей, то через покаяние к ним придет благословение.

Бог контролирует жизнь, смерть, счастье и несчастье людей и судит по справедливости. Поэтому никакие казни или бедствия не приходят без причины (Второзаконие, 28).

Даже в тех случаях, когда и из-за грехов родителей или их предков страдают дети, основная причина все же кроется в самих детях. Даже если родители поклоняются идолам, но сами дети пребывают в Слове Божьем, то Бог защитит их, и казни их минуют.

Кара за родовой грех идолопоклонства постигает детей тогда, когда сами они не живут по Слову Божьему. Если они живут в истине, Бог Справедливости защищает их, и у них не будет проблем.

Поскольку Бог есть Любовь, для Него одна душа дороже целого мира. Он желает, чтобы каждый человек получил спасение, пребывал в истине и стал в жизни победителем.

Любя нас, Бог допускает казни не для того, чтобы погубить нас, а чтобы привести к покаянию и отречению от грехов.

Казни кровью, жабами и мошками - это дела рук сатаны. Но они не столь суровы. Если мы каемся и сходим с греховного пути, тогда они решаются сравнительно легко.

Но казни мухами, моровой язвой и нарывами более серьезны, они напрямую затрагивают наши тела. В таких случаях нам необходимо сокрушить свое сердце и полностью покаяться.

Если мы страдаем от подобных казней, нам не следует никого винить в этом. Вместо этого надо быть достаточно мудрым, чтобы исследовать себя через Слово Божье и покаяться во всем том, что неправедно в глазах Бога.

Глава 5

Казни градом и саранчой

Исход, 9:23-10:20

«И простер Моисей жезл свой к небу, и Господь произвел гром и град, и огонь разливался по земле; и послал Господь град на землю Египетскую; и был град и огонь между градом, [град] весьма сильный, какого не было во всей земле Египетской со времени населения ее» (9:23-24).

«И простер Моисей жезл свой на землю Египетскую, и Господь навел на сию землю восточный ветер, [продолжавшийся] весь тот день и всю ночь. Настало утро, и восточный ветер нанес саранчу. И напала саранча на всю землю Египетскую и легла по всей стране Египетской в великом множестве: прежде не бывало такой саранчи, и после сего не будет такой» (10:13-14).

По-настоящему любящие родители не отвергают наказания и вполне могут отшлепать своих детей. В этом проявляется желание родителей научить своих детей тому, что правильно.

Когда дети не слушаются родителей, чтобы проучить их, родителям иногда приходится брать в руки палку. Но боль родительского сердца при этом сильнее, чем физическая боль детей.

Любящий Бог также иногда отворачивает Свое лицо и допускает казни или проблемы с тем, чтобы Его любимые дети могли покаяться и отвратиться от грехов.

Казнь градом

Бог с самого начала мог бы послать страшную казнь, чтобы подчинить фараона. Но Бог терпелив; Он долготерпелив. Он показывал Свою силу, вел фараона и его людей к признанию Бога, начиная с самой малой казни:

«Так как Я простер руку Мою, то поразил бы тебя и народ твой язвою, и ты истреблен был бы с земли: но для того Я сохранил тебя, чтобы показать на тебе силу Мою, и чтобы возвещено было имя Мое по всей земле; ты еще противостоишь народу Моему, чтобы не отпускать его, - вот, Я пошлю завтра, в это самое время, град весьма сильный, которому

подобного не было в Египте со дня основания его доныне» (Исход, 9:15-18).

Казни усугублялись, но фараон продолжал превозноситься над израильтянами, не позволяя им уйти. Тогда Бог позволил седьмую казнь, казнь градом.

Бог позволил фараону узнать через Моисея, что вскоре обрушится такой силы град, какого в Египте не видели со времени его основания. Бог дал возможность людям и животным, пасущимся на полях, укрыться. Он предупредил их заранее: что все, оставшиеся снаружи, погибнут от града.

Некоторые придворные фараона испытали страх от слов Господних, поспешно собрали своих рабов, скот и укрылись в домах. Остальные же не убоялись Бога и ни о чем не побеспокоились.

«А кто не обратил сердца своего к слову Господню, тот оставил рабов своих и стада свои в поле» (Исход, 9:21).

На следующий день Моисей протянул жезл к небу, и Бог послал гром и град. Огонь сошел на землю. И это, безусловно, истребило людей, скот, повредило деревья и овощи на полях. Как страшна была казнь!

Но Исход, 9:31-32, гласит: *«Лен и ячмень были побиты, потому что ячмень выколосился, а лен осеменился;*

а пшеница и полба не побиты, потому что они были поздние». Так что ущерб оказался частичным.

От огненного града сильно пострадали все египетские земли, но ничего подобного не произошло на земле Гесем.

Духовное значение казни градом

Обычно град выпадает без предупреждений. Он также, как правило, не выпадает на большой территории, а идет на сравнительно малом участке определенной местности.

Так, казнь градом символизирует нечто, затрагивающее не все аспекты сразу, а лишь определенную часть жизни.

Огненный град убил людей и животных. Овощи на полях были побиты, не было пищи. Произошло событие, нанесшее огромный ущерб благосостоянию людей, как это и бывает в результате неожиданного несчастного случая.

Человек может потерять все из-за пожара на рабочем месте, на предприятии. Член семьи может заболеть или попасть в аварию и, для того чтобы его вылечить, потребуется целое состояние.

Например, человек был верен Господу, но начал больше уделять времени бизнесу, пару раз из-за этого пропустил воскресные богослужения. Позже он и вовсе перестает соблюдать День Господний.

Из-за этого Бог не может защищать его, и человек

сталкивается с большими проблемами в бизнесе. Он может также неожиданно серьезно заболеть или попасть в аварию, что будет стоить ему состояния. Такого рода случаи подобны казни градом.

Многие ценят свое состояние наравне со своей жизнью. В 1-м послании к Тимофею, 6:10, сказано, что сребролюбие – корень всех зол. Потому что жажда денег приводит к убийствам, воровству, похищениям людей, насилию и многим другим преступлениям. Иногда из-за денег рвутся отношения между братьями, происходят ссоры между соседями. Главной причиной межгосударственных конфликтов также является материальная выгода, поскольку все хотят территорий и доступа к ресурсам.

Даже некоторые верующие не могут преодолеть искушения деньгами, поэтому не чтут День Господний, не платят десятину. Поскольку они не ведут правильной христианской жизни, они отдаляются от спасения.

Как град уничтожает продуктовые запасы, казнь градом символизирует огромный ущерб, наносимый богатству людей, которые ценят богатство так же высоко, как собственную жизнь. Но, так как град выпадает только на ограниченной территории, они не потеряют все свое состояние.

Благодаря этому факту, мы также можем почувствовать Божью любовь. Если человек полностью теряет свое состояние, все, что у него есть, он может от отчаяния даже лишить себя жизни. Поэтому Бог вначале задевает лишь часть.

Хоть это всего лишь частичный ущерб, масштаб его достаточно велик и значителен, чтобы заставить нас наконец что-то осознать. Град, выпавший в Египте, представлял собой не просто маленькие ледяные крупинки. Градины были довольно большими, и скорость была также высока.

Даже сегодня выпадающий град, размером с мячик для гольфа, вызывает тревогу и удивление у многих людей. Бог провел определенную работу, чтобы град выпал в Египте и чтобы он также сопровождался огнем. Это явление было по-настоящему страшным.

Казнь градом была дана фараону за то, что он преумножал зло. Если наше сердце ожесточено и упрямо, мы также можем столкнуться с подобного рода казнью.

Казнь саранчой

Деревья и посадки овощей были уничтожены, скот и даже люди погибли от ударов града. Фараон наконец признал свою ошибку:

«И послал фараон, и призвал Моисея и Аарона, и сказал им: на этот раз я согрешил; Господь

праведен, а я и народ мой виновны» (Исход, 9:27).

Фараон второпях покаялся и попросил Моисея остановить град:

«Помолитесь Господу: пусть перестанут громы Божии и град; и отпущу вас и не буду более удерживать» (Исход, 9:28).

Моисей знал, что фараон так и не изменил своего мнения, но чтобы дать ему понять, что есть Живой Бог, в руке Которого весь мир, он воздел к небу руки.

Как Моисей и предполагал, сразу после окончания дождя, грома и града, фараон изменил свое решение. Поскольку его сердце не изменилось и по-прежнему оставалось ожесточенным, то фараон не позволил израильтянам уйти.

Слуги фараона были также ожесточены сердцем. Тогда Моисей и Аарон сказали им, что, по Слову Бога, наступит казнь саранчой и предупредили, что это бедствие будет одним из крупнейших, которые когда-либо происходили в мире:

«Она покроет лице земли так, что нельзя будет видеть земли» (Исход, 10:5).

Только тогда подданные фараона испугались и сказали

ему: «...отпусти сих людей, пусть они совершат служение Господу, Богу своему; неужели ты еще не видишь, что Египет гибнет?».

Послушавшись своих людей, фараон вновь позвал Моисея и Аарона. Но Моисей сказал, что они пойдут с детьми и стариками, с сыновьями и дочерьми, с овцами и волами, чтобы совершить служение Господу. Фараон сказал, что у Моисея и Аарона худое намерение, и прогнал их.

И тогда Бог позволил произойти восьмой казни – саранчой.

«Тогда Господь сказал Моисею: простри руку твою на землю Египетскую, и пусть нападет саранча на землю Египетскую и поест всю траву земную [и] все, что уцелело от града» (Исход, 10:12).

Когда Моисей сделал, что ему повелел Бог, Бог направил на землю восточный ветер, который дул весь день и всю ночь; с наступлением утра восточный ветер нанес саранчу.

Саранчи было так много, что потемнела земля. Она уничтожила всю уцелевшую после града растительность Египта. Никакой зелени не осталось в Египте.

«Фараон поспешно призвал Моисея и Аарона и

сказал: согрешил я пред Господом, Богом вашим,
и пред вами; теперь простите грех мой еще раз и
помолитесь Господу Богу вашему, чтобы Он только
отвратил от меня сию смерть» (Исход, 10:16-17).

Осознав случившееся, фараон поспешно призвал Моисея и Аарона, чтобы попросить их остановить казнь.

Когда Моисей вышел и помолился Богу, задул сильный западный ветер и унес саранчу в Красное море. И не осталось саранчи во всей земле Египетской. Но и в этот раз фараон ожесточился сердцем и не позволил израильтянам уйти.

Духовное значение казни саранчой

Саранча – всего лишь мелкое насекомое, но, когда их много, это становится настоящей катастрофой. В момент саранча опустошила Египет.

«И напала саранча на всю землю Египетскую
и легла по всей стране Египетской в великом
множестве: прежде не бывало такой саранчи, и
после сего не будет такой; она покрыла лице всей
земли, так что земли не было видно, и поела всю
траву земную и все плоды древесные, уцелевшие от
града, и не осталось никакой зелени ни на деревах,

ни на траве полевой во всей земле Египетской» *(Исход, 10:14-15).*

О подобных нашествиях в Африке и Индии мы слышим и сегодня. Полчища саранчи могут распространиться на 40 км вширь и 8 км вглубь. Сотни миллионов этих насекомых налетают как туча и пожирают не только посевы, но и всю окружающую их растительность, не оставляя никакой зелени после себя.

После казни градом кое-что все-таки осталось на полях. Пшеница и полба не были побиты, так как они всходят позже. Некоторые слуги фараона, убоявшиеся Слова Божьего, заставили своих рабов загнать скот и самим спрятаться в дома, поэтому они не пострадали.

Саранча хоть и не впечатляет своим размером, но ущерб от нее гораздо больший, чем от казни градом. Она уничтожила все, что осталось.

Поэтому казнь саранчой относится к бедствиям, после которых не остается ничего – ни достатка, ни собственности. Оно разрушает не только семьи, но и рабочие места, бизнес.

В отличие от града, который наносит частичный ущерб, казнь саранчой уничтожает все, уносит все деньги. Иными словами, человек будет полностью сломлен материально.

Например, вследствие банкротства кто-то теряет все состояние и лишается семьи. Кто-то может пострадать от продолжительной болезни и также потерять состояние. Другие попадают в большие долги из-за проступков своих детей.

Переживая постоянные бедствия, некоторые думают, что это случайность, но у Бога нет случайностей. Если человек несет ущерб, или заболевает, на это должны быть причины.

А что если верующие сталкиваются с несчастьями, какой в этом смысл? Когда они слышат Слово Божье и познают волю Божью, им следует исполнять Слово. Но, если они продолжают грешить, как неверующие, казни неизбежно обрушатся на них.

Бог, подав знаки свыше и не дождавшись понимания, отвернется от таких людей. Тогда болезнь превратится в язву, или фурункулы начнут нарывать. Позже они столкнутся с казнями в виде града или саранчи.

Но мудрые поймут, что в этом проявляется Божья любовь, позволяющая им осознать свои ошибки, пока неприятности еще незначительны.

Вот история из жизни. Один человек очень пострадал из-за того, что прогневал Бога. Однажды из-за пожара ему пришлось залезть в большие долги. Его жена не вынесла давления со стороны кредиторов и пыталась наложить на себя руки. Через какое-то время они все-таки познали Бога и начали посещать церковь.

После беседы со мной они, молясь, покорились Слову Божьему. Они радовали Бога, неся добровольное служение в церкви. Постепенно, одна за другой, решались их проблемы, они более не страдали от кредиторов. Более того, они выплатили все свои долги. Они смогли построить промышленное здание и купить собственный дом.

После того как все их трудности завершились и они обрели благословения, их сердца изменились. Они отреклись от благодати Божьей и вновь стали вести себя как неверующие.

Однажды из-за наводнения обвалилась часть принадлежащего мужу дома. Опять произошел пожар, и он вновь понес финансовые убытки. Оказавшись снова в огромных долгах, им пришлось уехать к себе на родину, в деревню. У мужа, кроме всего, развился диабет с осложнениями.

Если, как и в этом случае, испробовав все средства, приложив свои знания и мудрость, мы остались ни с чем, то мы должны в смирении предстать перед Богом. Посмотрев на себя сквозь призму Слова Божьего, раскаявшись в своих грехах и отрекшись от них, мы можем возвратить утерянное.

Если в нас есть вера и мы приходим к Богу, предаем все в Его руки, то любящий Бог не переломит трости надломленной, простит и восстановит нас. Обратившихся к нему и живущих в Его свете Бог поведет к процветанию и даст еще большие благословения.

Глава 6

Казни тьмой и смертью
первенцев

Исход, 10:22-12:36

«Моисей простер руку свою к небу, и была густая тьма по всей земле Египетской три дня; не видели друг друга, и никто не вставал с места своего три дня; у всех же сынов Израилевых был свет в жилищах их» (10:22-23).

«В полночь Господь поразил всех первенцев в земле Египетской, от первенца фараона, сидевшего на престоле своем, до первенца узника, находившегося в темнице, и все первородное из скота. И встал фараон ночью сам и все рабы его и весь Египет; и сделался великий вопль в [земле] Египетской, ибо не было дома, где не было бы мертвеца» (12:29-30).

В Библии мы находим подтверждение тому, что многие люди, оказавшиеся в трудной ситуации, покаявшись пред Богом, получали Его помощь.

Бог послал своего пророка к царю Иудейского царства, Езекии, и сказал: «Умрешь ты и не выздоровеешь». Но царь искренне молился, до слез, и Бог продлил его жизнь.

Ниневия была столицей Ассирии - вражеского для Израиля государства. Когда люди этой страны через пророка услышали Слово Божье, они покаялись в своих грехах и не были уничтожены.

Подобно этому, Бог оказывает милость всем, обратившимся к Нему. Он ищет ищущих Его благодати, чтобы благословить еще больше.

Из-за своей греховности фараон страдал от различных казней, но так, до самого конца, не отрекся от того зла, которое было в нем. Чем больше он ожесточался сердцем, тем страшнее становились казни.

Казнь тьмою

Некоторые люди признаются, что не могут пережить своего проигрыша. Они уверены в своих собственных силах. Фараон относился к их числу. Он обожествлял себя, поэтому не желал признавать Бога.

Даже видя разрушения во всем Египте, фараон не отпускал израильтян. Он вел себя так, будто соперничал с

Богом. Тогда Бог допустил казнь тьмою.

> *«Моисей простер руку свою к небу, и была густая тьма по всей земле Египетской три дня; не видели друг друга, и никто не вставал с места своего три дня; у всех же сынов Израилевых был свет в жилищах их» (Исход, 10:22-23).*

Тьма была такой густой, что люди не видели друг друга. Три дня никто не вставал со своего места и не двигался. Как выразить состояние страха и неудобства, в котором люди находились в течение этих трех дней?

Люди словно ослепли после того, как густая тьма покрыла всю Египетскую землю, но у сынов Израиля, в земле Гесем, в жилищах был свет.

Фараон позвал Моисея и сказал, что отпустит израильтян. Но приказал Моисею оставить мелкий и крупный скот, а взять с собой только сыновей и дочерей. На самом деле, этим он хотел удержать израильтян.

Но Моисей возразил, что животные им нужны для принесения жертвы Богу и что они не могут ничего оставить, потому что пока они не знают, что именно принесут в жертву Богу.

Фараон вновь рассердился и даже пригрозил Моисею, сказав: «...не являйся более пред лице мое; в тот день, когда ты увидишь лице мое, умрешь».

Моисей смело ответил: «...как сказал ты, так и будет; я не увижу более лица твоего» и вышел.

Духовное значение казни тьмой

Духовный смысл казни тьмой в том, что духовная тьма относится к категории предсмертной казни.

Это тот случай, когда болезнь перешла в такую серьезную стадию, что человек уже не восстановится. Такого рода казнь падает на тех, кто не кается даже после потери всего ценного, что есть в его жизни.

Стоять на пороге смерти - это все равно, что стоять на краю обрыва в полной тьме, не имея никакого выхода из положения. Если человек оставляет Бога и отрекается от своей веры, он лишается Божьей благодати и умирает в духовном смысле. Но Бог, все еще имея сострадание, не лишает его жизни.

Неверующий сталкивается с подобной ситуацией, потому что еще не принял Бога, хотя и перенес немало несчастий. С верующими такое происходит, потому что они не исполняли Слова Божьего, а преумножали свои грехи.

Часто бывает, что люди тратят целое состояние на свое лечение, но, тем не менее, находятся при смерти. Это и есть те люди, которых поразила казнь тьмой.

Они также страдают от невротических расстройств –

депрессии, бессонницы и нервных срывов. Они чувствуют себя беспомощными в повседневной жизни.

Если они осознают это, каются и перестают грешить, Бог оказывает им милость и избавляет их от всех страданий.

Но фараон все больше ожесточался сердцем и до последнего противостоял Богу. То же происходит и сегодня. Некоторые люди упрямо не обращаются к Богу, какие бы трудности не обрушивались на них. Даже тогда, когда члены их семей серьезно заболевают, они теряют состояние, их жизни грозит опасность, они не хотят покаяться перед Богом.

Если мы продолжаем противостоять Богу, даже находясь в беде, на нас, в конечном итоге, обрушивается последняя казнь смертью.

Казнь смертью первенцев

Бог сказал Моисею, что произойдет дальше в Исходе:

«И сказал Господь Моисею: еще одну казнь Я наведу на фараона и на Египтян; после того он отпустит вас отсюда; когда же он будет отпускать, с поспешностью будет гнать вас отсюда; внуши народу, чтобы каждый у ближнего своего и каждая женщина у ближней своей выпросили вещей серебряных и вещей золотых» (Исход, 11:1-2).

Моисей находился в ситуации, когда его могли убить, появись он опять перед фараоном, но он все же пришел к нему, чтобы передать волю Божью:

«И умрет всякий первенец в земле Египетской от первенца фараона, который сидит на престоле своем, до первенца рабыни, которая при жерновах, и все первородное из скота; и будет вопль великий по всей земле Египетской, какого не бывало и какого не будет более» (Исход, 11:5-6).

Как и было сказано, не только у фараона и его придворных, но и у всех остальных египтян ночью умерли первенцы и пал весь скот.

Был великий вопль в Египте, так как не было дома, в котором не умер бы первенец. Поскольку фараон, будучи ожесточен сердцем, до самого конца не обратился к Богу, на египтян сошла казнь смертью.

Духовное значение казни смертью первенцев

Казнь смертью первенцев относится к ситуации, когда сам человек, или кто-то, кого он очень любит, скажем, его ребенок или член семьи, умирает или стоит на гибельном пути, но получить спасение уже невозможно.

Такие ситуации также описаны в Библии. Первый царь Израиля, Саул, ослушался Слова Божьего и не уничтожил всего имущества амаликитян. Кроме того, он сам, вместо священника, сделал жертвоприношение Богу, тем самым показав свое высокомерие. В итоге Бог отвернулся от него.

В этой ситуации, вместо того чтобы признать свои грехи и покаяться в них, он пытался убить своего верного слугу Давида. Когда люди пошли за Давидом, злобная мысль о том, что Давид восстанет против него, все сильнее овладевала им.

И даже когда Давид играл для него на арфе, Саул бросил копье в Давида, пытаясь убить его. Он также послал Давида на войну, которую невозможно было выиграть. Он даже посылал своих воинов в дом Давида, чтобы убить его.

Более того, за помощь Давиду он убил Божьих служителей. Он совершил множество злых деяний. В конечном итоге, он проиграл битву и умер ужасной смертью. Он убил себя собственными руками.

А как насчет священника Илии и его сыновей? Илий был израильским священником во времена судей и должен был подавать добрый пример. Но его сыновья, Офни и Финеес, были людьми никчемными и не знали Бога (1-я кн. Царств, 2:12).

Поскольку их отец был священником, им также приходилось служить Богу, но они отвращали людей от жертвоприношений Господу. Они притрагивались к мясу перед тем, как оно жертвовалось Богу, сожительствовали с женщинами, служившими у входа в скинию собраний.

Если дети встают на неверный путь, родителям следует наставлять их, а если они не слушаются, родители обязаны применять более строгие меры, чтобы остановить своих детей. В этом – долг и истинная родительская любовь. Но священник Илий только говорил: «Для чего вы делаете такие дела?».

Его сыновья не отвращались от своих грехов, и проклятие пало на всю его семью. Оба сына были убиты во время битвы.

Услышав это известие, Илий упал с седалища, сломал себе хребет и умер. У его невестки от потрясения начались преждевременные роды, во время которых она умерла.

Из этого ясно, что беспричинно проклятия или трагические смерти не наступают.

Если человек живет в непослушании Слову Божьему, либо его самого, либо кого-то из членов его семьи постигнет смерть. Некоторые обращаются к Богу, только пережив подобную потерю.

Если они не отступятся, даже испытав казнь смертью первенца, им вовеки не обрести спасения. В этом и заключается величайшая казнь. Поэтому, до того как на вас обрушились какие-либо казни или если они уже происходят в вашей жизни, вам надо, пока не поздно, покаяться в своих грехах.

Фараон со страхом признал Бога и позволил израильскому народу уйти только после того, как испытал все десять казней.

«И призвал [фараон] Моисея и Аарона ночью и сказал: встаньте, выйдите из среды народа моего, как вы, так и сыны Израилевы, и пойдите, совершите служение Господу, как говорили вы; и мелкий и крупный скот ваш возьмите, как вы говорили; и пойдите и благословите меня» (Исход, 12:31-32).

Пройдя через все десять казней, фараон все же сохранил свое жестокосердие и был вынужден освободить израильтян. Но вскоре он пожалел об этом и вновь изменил собственное решение. Он собрал армию и колесницы и погнался за израильтянами:

«[Фараон] запряг колесницу свою и народ свой взял с собою; и взял шестьсот колесниц отборных и все колесницы Египетские, и начальников над всеми ими. И ожесточил Господь сердце фараона, царя Египетского, и он погнался за сынами Израилевыми; сыны же Израилевы шли под рукою высокою» (Исход, 14:6-8).

Хорошо, что хоть после смерти первенцев фараон смирился перед Богом, но вскоре он пожалел о том, что отпустил израильтян. Он отправил войско в погоню за ними. Видя это, мы понимаем, насколько жестоким и коварным может быть человеческое сердце. В конечном счете, Бог не простил фараона, и единственное, что Ему оставалось, это потопить фараона в водах Красного моря:

«И сказал Господь Моисею: простри руку твою на море, и да обратятся воды на Египтян, на колесницы их и на всадников их. И простер Моисей руку свою на море, и к утру вода возвратилась в свое место; а Египтяне бежали на встречу [воде]. Так потопил Господь Египтян среди моря. И вода возвратилась и покрыла колесницы и всадников всего войска фараонова, вошедших за ними в море; не осталось ни одного из них» (Исход, 14:26-28).

И сегодня, попав в трудную ситуацию, нечестивые люди умоляют дать им шанс. Но, когда этот шанс предоставляется, они вновь возвращаются к жизни во грехе. Если же они будут продолжать грешить, их настигнет смерть.

Жизнь в непослушании, и жизнь в послушании

Очень важно четко понять: если мы совершили проступок и осознали это, мы обязаны не умножать свои грехи, а встать на путь праведности.

1-е посл. Петра, 5:8-9, гласит: *«Трезвитесь,*

бодрствуйте, потому что противник ваш диавол ходит, как рыкающий лев, ища, кого поглотить. Противостойте ему твердою верою, зная, что такие же страдания случаются и с братьями вашими в мире».

1-е посл. Иоанна, 5:18, также говорит: *«Мы знаем, что всякий, рожденный от Бога, не грешит; но рожденный от Бога хранит себя, и лукавый не прикасается к нему».*

Следовательно, если мы не совершаем грехов и живем по Слову Божьему, мы находимся под Его защитой, и тогда нам не о чем беспокоиться.

Мы можем видеть людей, которые страдают от различных напастей и не понимают, почему это происходит с ними. Мы видим, что и некоторые верующие могут страдать от всяческих бед.

Кто-то переживает казни кровью и мошками, кто-то – градом или саранчой. На иных обрушивается казнь смертью первенцев и, более того, казнь погребением в воде.

Чтобы не познать ни одной из этих казней, нам не следует жить в непослушании, как фараон, а нужно жить в послушании.

Даже оказавшись в ситуации, в которой мы не можем избежать казни смертью первенцев или казни тьмой, мы можем обрести спасение, если покаемся в своих грехах. Но если мы вовремя не придем к покаянию, то может оказаться слишком поздно, и нас постигнет участь египетской армии, погребенной в водах Красного моря.

Жизнь в
послушании

«Если ты, когда перейдете [за Иордан], будешь
слушать гласа Господа Бога твоего, тщательно
исполнять все заповеди Его, которые заповедую тебе
сегодня, то Господь Бог твой поставит тебя выше всех
народов земли; и придут на тебя все благословения
сии и исполнятся на тебе, если будешь слушать
гласа Господа, Бога твоего. Благословен ты в городе и
благословен на поле. Благословен плод чрева твоего,
и плод земли твоей, и плод скота твоего, и плод твоих
волов, и плод овец твоих. Благословенны житницы
твои и кладовые твои. Благословен ты при входе твоем
и благословен ты при выходе твоем»
(Второзаконие, 28:1-6).

Глава 7

Пасха и путь спасения

Исход, 12:1-28

«И сказал Господь Моисею и Аарону в земле Египетской, говоря: месяц сей [да будет] у вас началом месяцев, первым [да] [будет] он у вас между месяцами года. Скажите всему обществу Израильтян: в десятый [день] сего месяца пусть возьмут себе каждый одного агнца по семействам, по агнцу на семейство» (1-3).

«И пусть он хранится у вас до четырнадцатого дня сего месяца: тогда пусть заколет его все собрание общества Израильского вечером, и пусть возьмут от крови [его] и помажут на обоих косяках и на перекладине дверей в домах, где будут есть его; пусть съедят мясо его в сию самую ночь, испеченное на огне; с пресным хлебом и с горькими [травами] пусть съедят его; не ешьте от него недопеченного, или сваренного в воде, но ешьте испеченное на огне, голову с ногами и внутренностями; не оставляйте от него до утра; но оставшееся от него до утра сожгите на огне. Ешьте же его так: пусть будут чресла ваши препоясаны, обувь ваша на ногах ваших и посохи ваши в руках ваших, и ешьте его с поспешностью: это - Пасха Господня» (12:6-11).

До этого момента мы видели, что фараон и его слуги продолжали жить в непослушании Слову Божьему.

В результате, во всех Египетских землях произошли малые казни. Их упорное непослушание привело ко многим болезням, потере имущества и, наконец, жизни.

В отличие от них, живя в той же стране, в Египте, избранный народ Израиля не пострадал ни от каких казней.

Когда Бог поразил Египет последней казнью, унесшей много жизней в Египте, израильтяне не потеряли ни одной жизни. Потому что Бог позволил народу Израиля познать путь спасения.

Это относится не только к народу Израиля, жившему много тысяч лет назад, это применимо и к нам сегодня.

Путь избавления от казни смертью первенцев

До того как началась казнь смертью первенцев в Египте, Бог сообщил израильтянам путь избавления от казни:

«Скажите всему обществу Израилевых: в десятый [день] сего месяца пусть возьмут себе каждый одного агнца по семействам, по агнцу на семейство» (Исход, 12:3).

От казни кровью и до казни тьмой Бог своей властью

оберегал израильский народ, поэтому им самим не приходилось предпринимать каких-то шагов. Но перед последней казнью Бог пожелал от народа Израиля показать свое послушание.

Надо было взять ягненка и его кровью помазать оба косяка и перекладину двери своего дома, а мясо зажаренного на домашнем огне ягненка съесть. Это стало бы знаком, чтобы отличить народ Божий, когда Бог будет убивать первенцев людей и животных в Египте.

Поскольку последняя казнь прошла мимо домов, на которых была кровь агнца, евреи до сих пор празднуют этот день - Пасху («Пэсах»), в который они были спасены.

Сегодня Пасха является самым большим еврейским праздником. Отмечая этот день, они едят ягненка, пресный хлеб и горькие травы. Подробнее об этом будет рассказано в главе 8-й.

Возьмите агнца

Бог велел им взять агнца, потому что в духовном смысле он символизирует Иисуса Христа.

Тех, кто верует в Бога, принято называть Его «овцами». Многие считают, что «агнец» - это «новообращенный верующий», но из Библии мы знаем, что «агнцом» является Иисус Христос.

В Евангелии от Иоанна, 1:29, Иоанн Креститель сказал:

«Вот Агнец Божий, Который берет [на Себя] грех мира». 1-е посл. Петра, 1:18-19, гласит: *«Зная, что не тленным серебром или золотом искуплены вы от суетной жизни, преданной вам от отцов, но драгоценною Кровию Христа, как непорочного и чистого Агнца».*

Характер и дела Иисуса напоминают нам о кротком агнце. Евангелие от Матфея, 12:19-20, гласит: *«Не воспрекословит, не возопиет, и никто не услышит на улицах голоса Его; трости надломленной не переломит, и льна курящегося не угасит, доколе не доставит суду победы».*

Как овца слышит голос только своего пастыря и идет за ним, так Иисус подчинялся Богу со словами «да» и «аминь» (Откровение, 3:14). До самой смерти на кресте Он желал исполнить волю Отца (от Луки, 22:42).

Ягненок дает нам мягкую шерсть, питательное молоко и мясо. Подобно этому, Иисус, пролив всю Свою воду и кровь, принес искупительную жертву для того, чтобы мы примирились с Богом.

В Библии есть множество мест, где Иисус уподобляется агнцу. Когда Бог велел израильтянам праздновать Пасху, Он также подробно объяснил им, как вкушать агнца:

«А если семейство так мало, что не [съест] агнца, то пусть возьмет с соседом своим, ближайшим к дому своему, по числу душ: по той мере, сколько

каждый съест, расчислитесь на агнца. Агнец у вас должен быть без порока, мужеского пола, однолетний; возьмите его от овец, или от коз» (Исход, 12:4-5).

Если семья была бедна или малочисленна и не могла съесть целого ягненка, она могла разделить ягненка или козленка с семьей соседей. Даже в этом мы можем почувствовать трогательную, полную сострадания любовь Бога.

Причина, по которой Бог велел им брать непорочного однолетнего ягненка, состоит в том, что мясо животного, которое еще не спаривалось, самое нежное. Так же, как у людей юность – самая прекрасная и чистая пора их жизни.

Так как Бог свят, непорочен и незапятнан, Он велел им взять агнца самого прекрасного возраста, однолетнего.

Помажьте кровью и не выходите из дома до утра

Бог сказал, что агнца нужно взять по числу членов семьи. В Исходе, 12:6, мы читаем, что агнца не надо было закалывать сразу, но в сумерки, подержав его четыре дня. Бог дал им время подготовиться к этому со всей искренностью в сердце.

Почему Бог повелел заколоть агнца в сумерки?

Человеческое развитие, отсчет которого начался с непослушания Адама, может быть условно поделено на три части. От Адама до Авраама – это около 2000 лет, и этот период времени является начальной стадией человеческого развития. Если взять для сравнения сутки, то это – утро.

Потом Бог избрал Авраама отцом веры, и со времени Авраама до прихода Иисуса на эту землю тоже прошло около 2000 лет. Это – день.

Со времени прихода на землю Иисуса прошло около 2000 лет. Это конец человеческого развития, фигурально говоря, – сумерки дня (1-е посл. Иоанна, 2:18; Посл. Иуды, 1:18; Посл. к Евреям, 1: 2; 1-е посл. Петра, 1:5; 20).

Период времени, в который Иисус пришел на землю и своею смертью на кресте искупил наши грехи, относится к последней эре человеческого развития, и поэтому Бог велел им заколоть агнца в сумерки, а не днем.

Евреи должны были помазать кровью дверные косяки и перекладину (Исход, 12:7). Кровь агнца в духовном смысле является кровью Иисуса Христа. Бог повелел им помазать кровью оба косяка двери и перекладину, потому что мы спасены кровью Иисуса. Пролив кровь и умерев на кресте, Иисус искупил нас от наших грехов и спас наши жизни – в этом состоит духовное значение крови агнца.

Поскольку кровь, спасающая нас от грехов, - святая, они не должны были мазать кровью порог, на который наступают ногами, а только косяки и перекладину.

Иисус сказал: *«Я есмь дверь: кто войдет Мною, тот спасется, и войдет и выйдет, и пажить найдет»* (От Иоанна, 10:9). Как написано, в ночь казни смертью первенцев во все дома, на дверях которых не было крови, пришла смерть, но дома, помеченные кровью, были спасены от смерти.

Но они не спаслись бы, если бы просто помазали кровью агнца косяки и перекладину двери (Исход, 12:22). Если бы они вышли из дома до утра, это означало бы, что они не исполнили завета Божьего, и им бы пришлось познать казнь смертью первенцев.

В духовном смысле выход за двери означает тьму, ничего общего не имеющую с Богом. Это мир вне истины. Подобно этому, сегодня это означает, что, если мы приняли Господа, но оставили Его, мы не можем быть спасены.

Испеките агнца и съешьте его целиком

Смерть пришла в дома египтян, повсюду стоял плач. Посреди ночи раздался великий вопль, начиная с дома фараона, не имевшего страха Божьего даже после многих великих деяний, совершенных Богом на глазах всего Египта.

Но израильтяне не покидали своих домов до утра. Они съели агнца по Слову Бога. Почему надо было съесть мясо агнца поздней ночью? В этом заключен глубокий духовный смысл.

До того как Адам вкусил от дерева познания добра и зла, он жил под руководством Бога, который есть Свет, но после того, как он ослушался и вкусил от дерева, он стал рабом греха. Вследствие этого, все его потомки, все человечество перешли под контроль сатаны, правителя тьмы. Поэтому этот мир принадлежит тьме или ночи.

Как израильтяне должны были съесть мясо агнца поздней ночью, так и мы, в духовном смысле живущие в мире тьмы, должны есть плоть Сына Человеческого, являющегося для нас Словом Бога, который есть Свет, и пить Его кровь, чтобы обрести спасение. Бог подробно рассказал им, как они должны есть агнца. Они должны были съесть его с пресным хлебом и с горькими травами (Исход, 12:8).

Дрожжи относятся к одноклеточным грибам, вызывают брожение и применяются как закваска для выпечки хлеба, делая его более вкусным и нежным. Хлеб из пресного теста менее вкусен.

Ситуация была чрезвычайной - решался вопрос жизни или смерти, и Бог велел им вкушать агнца с менее вкусным пресным хлебом и горькими травами, чтобы они запомнили тот день.

Дрожжи, в духовном плане, – грехи и зло. Поэтому повеление «есть пресный хлеб без закваски» означает, что мы должны избавляться от грехов и зла, чтобы получить спасение.

Бог велел им испечь агнца на огне, не есть его недопеченным или сваренным в воде, съесть вместе с головой, с ногами и внутренностями (Исход, 12:9).

Здесь, «недопеченный» означает буквальное толкование драгоценного Слова Божьего.

Например, Евангелие от Матфея, 6:6, гласит: *«Ты же, когда молишься, войди в комнату твою и, затворив дверь твою, помолись Отцу твоему, Который втайне; и Отец твой, видящий тайное, воздаст тебе явно».* Если толковать это буквально, то для молитвы нам надо заходить во внутреннюю комнату и закрывать дверь. Но нигде в Библии не найдем мы, чтобы хоть кто-нибудь молился во внутренних комнатах за закрытыми дверями.

Духовно, «молитва во внутренней комнате» означает, что мы должны убрать все посторонние мысли и отдаться молитве всем сердцем.

Если человек будет питаться сырым мясом, то в его организме могут завестись паразиты, может заболеть желудок. Если мы буквально истолковываем Слово Божье, мы столкнемся с непониманием, которое приводит к проблемам. Тогда наша вера не будет духовной, это отодвинет нас еще дальше от спасения.

Фраза «сваренный в воде» означает добавлять к Слову Божьему философские, научные, медицинские и иные человеческие идеи. Если мы варим мясо в воде, то мясо теряет свой сок, и питательных веществ в нем остается меньше. Подобно этому, если мы добавляем мирское знание к Слову истины, то, возможно, какая-то вера в виде знания у нас будет, но мы не будем обладать духовной верой. Поэтому это не приведет нас к спасению.

Что означает испечь агнца на огне?

Здесь, «огонь» символизирует огонь Святого Духа. То есть это означает, что Слово Божье написано по вдохновению Святого Духа, поэтому и мы должны изучать его, будучи исполнены и под вдохновением Святого Духа. Иначе оно будет всего лишь крупицей знаний, и мы не сможем получить духовный хлеб.

Чтобы вкушать Слово Божье, испеченное на огне, мы должны горячо молиться. Молитвы, словно масло для светильника, являются источником, дающим нам полноту Святого Духа. Когда мы принимаем Слово Божье по вдохновению Святого Духа, Слово, вкушаемое нами, становится слаще меда. Это значит, что мы слушаем Слово с жаждущим сердцем, как «лань желает к потокам воды». Тогда мы понимаем, что время, отведенное для Слова Божьего, драгоценно, и нам никогда не будет скучно во время проповеди.

Если мы подключаем человеческое рассуждение, свой

личный опыт и знание во время проповеди Слова Божьего, мы можем многого не понять.

Например, Бог говорит, что, если тебя ударят по одной щеке, обрати и другую, если кто-то попросит у тебя рубашку, отдай и верхнюю одежду, а заставит тебя идти одно поприще, иди с ним два. Многие считают, что за себя надо уметь постоять, но Бог велит возлюбить своих врагов, смиряться и служить другим (От Матфея, 5:39-44).

Поэтому мы должны избавляться от собственных мыслей и, исполнившись Духом Святым, принимать Слово Божье. Только тогда Слово Божье станет нашей жизнью и крепостью, поможет нам искоренить неправду и приведет нас к жизни вечной.

Фактически, поджаренное на огне мясо вкуснее, и это более надежный путь предохранения от инфекций. Подобно этому, враг - дьявол и сатана не могут подействовать на тех, кто духовно принимает Слово Божье, считая его слаще меда.

Более того, Бог велел съесть голову, ноги и внутренности. Это означает, что мы должны принимать все 66 книг Библии, без исключения.

Библия повествует о сотворении человека и провидении о его будущем. Она указывает на пути, благодаря которым можно стать истинными Божьими детьми. Она содержит провидение спасения, сокрытое от начала времен. Библия провозглашает волю Божью.

Поэтому «съесть вместе с головой, ногами и внутренностями» означает то, что мы должны принимать Библию целостно, от книги Бытия и до книги Откровения.

Не оставляйте от него до утра, ешьте в спешке

Народ Израиля в своих домах вкушал агнца, испеченного на огне, не оставляя ничего до утра, потому что им было сказано в Исходе, 12:10: *«Не оставляйте от него до утра; но оставшееся от него до утра сожгите на огне».*

«Утро» – это время, когда темнота рассеивается и наступает свет. В духовном плане, это относится ко времени второго Пришествия Господа. После того как Он вернется, у нас не будет времени для подготовки масла (От Матфея, 25:1-13), поэтому нам надо прилежно внимать Слову Божьему и исполнять Его до того, как вернется Господь Иисус.

Человеку суждено жить 70 или 80 лет, и нам неизвестно, когда закончится наша жизнь. Поэтому нам надо прилежно принимать Слово Божье все время.

Народу Израиля пришлось уйти из Египта после казни смертью первенцев, поэтому Бог велел им принимать пищу спешно:

«Ешьте же его так: пусть будут чресла ваши препоясаны, обувь ваша на ногах ваших и посохи ваши в руках ваших, и ешьте его с поспешностью: это - Пасха Господня» (Исход, 12:11).

То есть они должны быть полностью одеты, обуты и готовы покинуть дом. Препоясанные чресла, обувь на ногах означают полную готовность.

Чтобы получить спасение через Иисуса Христа в этом, наказанном болью, подобно Египту, мире и войти в Небесное царство, подобном обетованной земле Ханаана, мы также должны всегда бодрствовать и быть готовыми.

Бог сказал им держать в руке посох, что духовно означает «веру». Когда мы взбираемся на гору, имея в руке палку, нам гораздо легче и безопаснее идти и мы не упадем.

Причина, по которой Моисею был дан посох, в том, что Моисей не обрел Святого Духа в сердце. Бог дал ему посох, что, в духовном плане, заменяло веру. Таким образом, через посох, который народ Израиля видел своими глазами, он мог ощутить силу Божью, и дело Исхода из Египта свершилось.

И сегодня, чтобы войти в вечное Небесное царство, нам надо иметь духовную веру. Мы сможем достичь спасения, только когда мы веруем в Господа нашего Иисуса Христа, безгрешного, умершего на кресте и воскресшего. Мы сможем достичь полного спасения, только исполняя Слово Божье, благодаря вкушению Плоти Господа и питию Его Крови.

Сейчас наступило время, когда как никогда приблизилось Пришествие Господа. Поэтому нам необходимо слушать Слово Божье, горячо молиться, чтобы обрести победу в битве с силами тьмы:

«Для сего приимите всеоружие Божие, дабы вы могли противостать в день злый и, все преодолев, устоять. Итак станьте, препоясав чресла ваши истиною и облекшись в броню праведности, и обувши ноги в готовность благовествовать мир; а паче всего возьмите щит веры, которым возможете угасить все раскаленные стрелы лукавого; и шлем спасения возьмите, и меч духовный, который есть Слово Божие» (Посл. к Ефесянам, 6:13-17).

Глава 8

Обрезание и Святое Причастие

Исход, 12:43-51

«И сказал Господь Моисею и Аарону: вот устав Пасхи» (43).

«А никакой необрезанный не должен есть ее» (48).

«Один закон да будет и для природного жителя и для пришельца, поселившегося между вами» (49).

«В этот самый день Господь вывел сынов Израилевых из земли Египетской по ополчениям их» (51).

Праздник Пасхи непрерывно отмечается более 3500 лет. Ни один праздник в мире не отмечался на протяжении такого длительного периода времени. Пасха была закладкой основания государства Израиля.

На древнееврейском языке Пасха – פסח («Пэсах») означает «проходящий над чем-то» или «прощающий что-то». Это означает, что тень тьмы прошла над домами Израиля, косяки и перекладины дверей которых были покрыты кровью агнца, когда казнь смертью первенцев пришла в Египет.

Даже теперь в Израиле на Пасху убирают дом и выносят из дома дрожжевой хлеб. Даже малые дети с фонариками залезают под кровати и ищут под мебелью мелкие крошки хлеба, в которых могут быть дрожжи, чтобы убрать их. В каждой семье также принимают пищу по пасхальным правилам. Глава семьи устраивает праздничное пасхальное угощение, и они отмечают Исход.

«Почему мы едим мацу (опресноки) сегодня?»

«Почему мы едим марор (горькие травы) сегодня вечером?»

«Почему мы едим петрушку, окунув ее дважды в соленую воду? Почему мы едим горькие травы с харошеф (джем красноватого цвета, символизирующий процесс изготовления кирпичей в Египте)?»

«Почему мы едим пасхальную пищу возлежа?».

Руководитель церемонии объясняет, что им пришлось вкушать пресный хлеб, так как они вынуждены были спешно выходить из Египта. Он также объясняет, что горькие травы вкушают в воспоминание о горьком рабстве в Египте, а петрушка, омоченная соленой водой, напоминает о слезах, пролитых в Египте.

Но теперь, поскольку их отцы освободились от рабства, они едят пищу возлежа, выражая этим свободу и радость от того, что могут свободно лежать, вкушая пищу. А когда ведущий церемонии рассказывает о десяти казнях египетских, все члены семьи набирают в рот немного вина при каждом упоминании названия казни, а потом выплевывают его в отдельный сосуд.

Пасха произошла 3500 лет назад, но через пасхальную пищу теперь даже дети имеют возможность пережить Исход. Иудеи до сих пор соблюдают этот праздник, который Бог установил тысячелетия назад.

Здесь заложена сила диаспоры, а именно сила рассеянных по всему миру евреев, собравшихся вместе и воссоздавших свою страну.

Требования к совершающим Пасху

В ту ночь, когда казнь смертью первенцев пришла в Египет, послушание Слову Божию спасло израильтян от смерти. Но чтобы стать соучастником Пасхи, нужно было отвечать определенным требованиям:

«И сказал Господь Моисею и Аарону: вот устав Пасхи: никакой иноплеменник не должен есть ее; а всякий раб, купленный за серебро, когда обрежешь его, может есть ее; поселенец и наемник не должен есть ее. В одном доме должно есть ее, не выносите мяса вон из дома и костей ее не сокрушайте. Все общество Израиля должно совершать ее. Если же поселится у тебя пришлец и захочет совершить Пасху Господу, то обрежь у него всех мужеского пола, и тогда пусть он приступит к совершению ее и будет как природный житель земли; а никакой необрезанный не должен есть ее; один закон да будет и для природного жителя и для пришельца, поселившегося между вами» (Исход, 12:43-49).

Только обрезанные могли вкушать пасхальную пищу, поскольку обрезание крайне важно для жизни, а духовно связано с вопросом спасения.

Обрезание - это удаление части или всей внешней кожи

(крайней плоти) пениса. Оно совершается у израильтян на восьмой день после рождения младенца мужского пола.

Бытие, 17:9-10, гласит: *«И сказал Бог Авраму: ты же соблюди завет Мой, ты и потомки твои после тебя в роды их. Сей есть завет Мой, который вы [должны] соблюдать между Мною и между вами и между потомками твоими после тебя: да будет у вас обрезан весь мужеский пол».*

Когда Бог дал отцу веры Аврааму Свой завет благословений, то просил его совершать обрезание как знак завета. Необрезанные не могли получить благословений:

«Обрезывайте крайнюю плоть вашу: и сие будет знамением завета между Мною и вами. Восьми дней от рождения да будет обрезан у вас в роды ваши всякий [младенец] мужеского пола, рожденный в доме и купленный за серебро у какого-нибудь иноплеменника, который не от твоего семени. Непременно да будет обрезан рожденный в доме твоем и купленный за серебро твое, и будет завет Мой на теле вашем заветом вечным. Необрезанный же мужеского пола, который не обрежет крайней плоти своей, истребится душа та из народа своего, [ибо] он нарушил завет Мой» *(Бытие, 17:11-14).*

Почему же Бог повелел им совершать обрезание на 8-й

день?

После 9-ти месяцев пребывания в утробе матери, новорожденному нелегко приспособиться к новому окружению, поскольку оно совершенно иное. Его клетки еще слабы, но через 7 дней они адаптируются к новой среде, однако еще не очень активны.

Если в это время удаляется внешняя кожица, то боль минимальна, а порез заживает очень быстро. Но если ребенок подрастет, кожа становится жесткой, и процедура будет очень болезненной.

Бог положил израильтянам совершать обрезание на восьмой день после рождения, чтобы это было полезно с точки зрения гигиены и роста, в то же время сделав его знаком Своего завета.

Обрезание прямо связано с жизнью

Исход, 4:24-26, говорит: «*Дорогою на ночлеге случилось, что встретил его Господь и хотел умертвить его. Тогда Сепфора, взяв каменный нож, обрезала крайнюю плоть сына своего и, бросив к ногам его, сказала: ты жених крови у меня. И отошел от него [Господь]. Тогда сказала она: жених крови – по обрезанию*».

Почему Бог хотел умертвить Моисея?

Это можно понять, если мы поймем, как Моисей родился и вырос. В то время, чтобы совершенно уничтожить Израиль, вышел указ умерщвлять всех новорожденных иудейских мальчиков.

На протяжении определенного времени мать Моисея прятала его. В конце концов, она положила его в плетеную корзину и вынесла на берег Нила. По провидению Божьему, его увидела египетская принцесса, и он тоже стал принцем как усыновленный ребенок принцессы. Обстоятельства не позволили, чтобы над ним совершилось обрезание.

Хотя он и возглавил Исход, он еще не был обрезан. Поэтому Ангел Божий хотел убить его. Подобно этому, обрезание напрямую связно с жизнью – необрезанный ничего общего с Богом не имеет.

Послание к Евреям, 10:1, гласит: *Закон, имея тень будущих благ, а не самый образ вещей*, и закон здесь относится к Ветхому Завету, а «будущие блага» - это Новый Завет, а именно, Благая Весть, приходящая через Иисуса Христа.

Тень и самый образ едины и не могут существовать раздельно. Таким образом, заповедь Бога об обрезании в ветхозаветные времена, которая приказывала им быть отсеченными от других людей Божьих без обрезания, применима к нам в той же мере и сегодня.

Но сегодня, в отличие от Ветхого Завета, нам нужно

проходить не через физическое обрезание, но духовное обрезание, которое есть обрезание сердца.

Физическое обрезание и обрезание сердца

Посл. к Римлянам, 2:28-29, гласит: *«Ибо не тот Иудей, кто [таков] по наружности, и не то обрезание, которое наружно, на плоти; но [тот] Иудей, кто внутренно [таков], и [то] обрезание, [которое] в сердце, по духу, [а] не по букве: ему и похвала не от людей, но от Бога».* Физическое обрезание есть лишь знак, изначальный смысл которого раскрыт в Новом Завете. Обрезание сердца - вот что дает нам спасение.

Люди времен Ветхого Завета еще не получили Святого Духа и не могли убрать неправду из своего сердца. Поэтому показывали свою принадлежность Богу, прибегая к физическому обрезанию. Но во времена Нового Завета, когда мы принимаем Иисуса Христа, Дух Святой входит в наше сердце, и Дух Святой помогает нам жить по истине, выбросив всякую неправду из своего сердца.

Так обрезать свое сердце значит то же, что следовать заповедям в Ветхом Завете и быть обрезанным по плоти. Это также и путь соблюсти Пасху.

«Обрежьте себя для Господа, и снимите крайнюю плоть с сердца вашего» (Иеремия, 4:4).

Что имеется в виду под словами «снимите крайнюю плоть с сердца»? Это значит - выполнить все слова Бога, говорящего нам, что делать, что не делать, соблюдать или нет определенные вещи.

Мы просто не делаем того, что Бог говорит нам не делать: например, «не ненавидь, не суди или не обвиняй, не кради, не прелюбодействуй». Также мы что-то отбрасываем от себя или чего-то придерживаемся: «отбросьте от себя всякого рода зло, святите Субботу, исполняйте заповеди Бога».

Притом, мы просто делаем, что Он говорит нам делать: «проповедуйте Евангелие, молитесь, прощайте, любите» и т.д. Делая это, мы удаляем всякую неправду, зло, неправедность и тьму из нашего сердца, чтобы сделать его чистым и наполнить истиной.

Обрезание сердца и полное спасение

При Моисее Пасха была установлена для израильтян, чтобы им избежать смерти первенцев перед Исходом. Таким образом, простое участие в Пасхе не означает, что совершающий ее спасен навсегда.

Если бы Пасха спасла их навечно, то все израильтяне, вышедшие из Египта, вошли бы в землю, текущую молоком и медом, в землю Ханаанскую.

Но реальность была такова, что все взрослые, за исключением Иисуса Навина и Халева, которым было более 20-ти лет во время Исхода, не показали веры и дел послушания. Тому поколению было суждено 40 лет пребывать в пустыне и умереть там, так и не увидев благословенной земли Ханаана.

То же самое и сегодня. Даже если вы приняли Иисуса Христа, стали детьми Божьими – это еще не полнота и не вечная гарантия. Это лишь означает, что мы подошли к границам спасения.

Следовательно, так же, как 40 лет испытания были необходимы израильтянам, чтобы войти в землю Ханаанскую, так и нам, для получения постоянного спасения, нужно пройти через процесс обрезания Словом Божьим.

Мы получаем Святой Дух, когда принимаем Иисуса Христа как личного Спасителя. Однако «получить Святой Дух» не означает, что наше сердце сразу станет полностью чистым. Необходимо продолжать обрезать сердце, пока не достигнем полного спасения. Только храня наше сердце, являющееся источником жизни, и обрезав его, можно достичь полного спасения.

Важность обрезания сердца

Только очищая себя от грехов и пороков Словом Божьим, отсекая их мечом Святого Духа, мы можем стать святыми чадами Божьими и вести жизнь, в которой нет места несчастьям.

Еще одна причина, по которой нам нужно обрезание сердца, состоит в том, что так мы можем побеждать в духовных битвах. Между принадлежащими Богу духами добра и злыми духами идут, хотя и невидимые, но постоянные и ожесточенные битвы.

Послание к Ефесянам, 6:12, гласит: *«Потому что наша брань не против крови и плоти, но против начальств, против властей, против мироправителей тьмы века сего, против духов злобы поднебесной».*

Чтобы одержать победу в этой духовной брани, нам абсолютно необходимо иметь чистое сердце. Это так, потому что в духовном мире сила – в безгрешности. Поэтому Бог желает обрезания сердца нашего и многократно говорит о важности обрезания:

«Возлюбленные! если сердце наше не осуждает нас, то мы имеем дерзновение к Богу, и, чего ни попросим, получим от Него, потому что соблюдаем заповеди Его и делаем благоугодное пред Ним» (1-е посл. Иоанна, 3:21-22).

Чтобы получить ответы на жизненные проблемы, такие, как болезни и нищета, нужно обрезать сердце. Только с чистым сердцем мы можем чувствовать себя уверенно перед Богом и получать все, что ни попросим.

Пасха и Святое Причастие

Таким образом, мы можем принимать участие в Пасхе, только пройдя обрезание. Это сегодня относится и к Святому Причастию. Пасха – это праздник, когда мы едим мясо агнца, а в Святое Причастие – вкушаем хлеб и вино, символизирующие Плоть и Кровь Иисуса.

«Иисус же сказал им: истинно, истинно говорю вам: если не будете есть Плоти Сына Человеческого и пить Крови Его, то не будете иметь в себе жизни. Ядущий Мою Плоть и пиющий Мою Кровь имеет жизнь вечную, и Я воскрешу его в последний день» (От Иоанна, 6:53-54).

Здесь, «Сын Человеческий» относится к Иисусу, а «Плоть Сына Человеческого» относится к 66-ти книгам Библии. Есть Плоть Сына Человеческого значит принимать в себя Слово истины Божьей, записанное в Библии.

Как жидкость необходима нам для переваривания

пищи, точно так же, когда мы едим Плоть Сына Человеческого, мы одновременно должны и пить, чтобы все хорошо усваивалось.

«Пить Кровь Сына Человеческого» - значит истинно веровать и применять в жизни Слово Божье. Если услышав и познав Слово Божье, мы не применяем его, оно не принесет нам пользы.

Когда мы поймем Слово Божье, изложенное в шестидесяти шести книгах Библии, и будем жить по нему, тогда истина войдет в наше сердце и впитается в нас, подобно тому, как тело вбирает в себя питательные вещества. Тогда грехи и все нечистое станут отходами, предназначенными на выброс, а мы, чтобы обрести жизнь вечную, все больше и больше будем становиться людьми истины.

Например, если мы принимаем внутрь питательное вещество истины, именуемое «любовью», и применяем его в жизни, то оно как питательное вещество усвоится нами. Все противоположное – ненависть, зависть, ревность – превратится в отходы. Тогда мы и будет иметь безупречное любящее сердце.

И еще, наполните свои сердца миром и праведностью, тогда уйдут скандалы, ссоры, раздоры, обиды и неправедность.

Кто может участвовать в Святом Причастии

Во времена Исхода те, кто были обрезаны, смогли принять участие в Пасхе и избежать казни смерти первенцев. Таким же образом сегодня, приняв Иисуса Христа как своего Спасителя и получив Духа Святого, мы отмечены как чада Божьи и имеем право принимать Святое Причастие.

Но Пасха послужила только спасению от смерти первенцев. Для полного спасения им еще надлежало странствовать по пустыне. Таким же образом, хотя мы и получили Духа Святого и можем принимать Святое Причастие, но обретение вечного спасения – это процесс. Приняв Иисуса Христа, мы подошли к вратам спасения, а далее необходимо жить в послушании Слову Божьему. Нужно двигаться к вратам Царства небесного и к вечному спасению.

Если мы грешим, то не можем принимать Святого Причастия, вкушать Плоть и пить Кровь Святого Господа. Нужно посмотреть на себя, покаяться во всех совершенных нами грехах и очистить свое сердце, прежде чем приступать к Святому Причастию.

«Посему, кто будет есть хлеб сей или пить чашу Господню недостойно, виновен будет против Тела и Крови Господней. Да испытывает же себя человек, и таким образом пусть ест

от хлеба сего и пьет из чаши сей. Ибо, кто ест и пьет недостойно, тот ест и пьет осуждение себе, не рассуждая о Теле Господнем» (1-е посл. к Коринфянам, 11:27-29).

Некоторые говорят, что только принявшие водное крещение могут приступать к Святому Причастию. Но, принимая Иисуса Христа, мы получаем в дар и Дух Святой. У всех нас есть право стать чадами Божьими.

Поэтому если мы получили Святой Дух и стали детьми Божьими, то можем принимать Святое Причастие после покаяния в грехах, даже если еще и не приняли водного крещения.

Через Святое Причастие мы вновь вспоминаем о благодати Господа, Который был распят на кресте и пролил за нас Свою Кровь. Нам должно также внимательно посмотреть на самих себя, учиться Слову Божьему и жить по нему.

1-е посл. к Коринфянам, 11:23-25, говорит: *«Ибо я от [Самого] Господа принял то, что и вам передал, что Господь Иисус в ту ночь, в которую предан был, взял хлеб и, возблагодарив, преломил и сказал: приимите, ядите, сие есть Тело Мое, за вас ломимое; сие творите в Мое воспоминание. Также и чашу после вечери, и сказал: сия чаша есть новый завет в Моей Крови; сие творите, когда только будете пить, в Мое воспоминание».*

Поэтому я умоляю вас осознать истинное значение Пасхи и Святого Причастия и достойно принимать Плоть и Кровь Господа, чтобы отбросить от себя все греховное и полностью совершить обрезание сердца.

Глава 9

Исход и праздник
опресноков

Исход, 12:15-17

«Семь дней ешьте пресный хлеб; с самого первого дня уничтожьте квасное в домах ваших, ибо кто будет есть квасное с первого дня до седьмого дня, душа та истреблена будет из среды Израиля. И в первый день да будет у вас священное собрание, и в седьмой день священное собрание: никакой работы не должно делать в них; только что есть каждому, одно то можно делать вам. Наблюдайте опресноки, ибо в сей самый день Я вывел ополчения ваши из земли Египетской, и наблюдайте день сей в роды ваши, как установление вечное»

«Простим, но не забудем»

Такие слова написаны на входе в Музей Холокоста Яд ва-Шем в Иерусалиме. Этот мемориал памяти о шести миллионах евреев, убитых нацистами во время Второй мировой войны, воздвигнут для того, чтобы подобное никогда больше не повторилось в истории.

История Израиля – это летопись воспоминаний. В Библии Бог говорит им помнить прошлое, хранить его в памяти и передавать из поколения в поколение.

После того как израильтяне были спасены от смерти первенцев, соблюдя Пасху, и вышли из Египта, Бог заповедал им отмечать и праздник опресноков. Он был дан им, чтобы вечно помнили день освобождения от египетского рабства.

Духовное значение Исхода

День Исхода - это не просто день свободы, которую обрел народ Израиля много тысяч лет назад.

«Египет», в котором израильтяне жили под игом, символизирует «этот мир», который находится под властью врага - дьявола и сатаны. Израильтяне, будучи рабами в Египте, были гонимы и недоедали. Люди, когда не знают о Боге, страдают от боли и скорбей, приносимых врагом - дьяволом и сатаной.

Израильтяне познали Бога, став свидетелями десяти казней Египетских, свершившихся через Моисея. Израильский народ последовал за Моисеем, выведшим их из Египта, чтобы придти в землю обетованную, Ханаан, обещанную их предку Аврааму.

Это то же самое, что и сегодня, когда люди, привыкшие жить без Бога, принимают Иисуса Христа.

Израильтяне, вышедшие из Египта, где они были рабами, сравнимы с людьми, освобождающимися от рабства врага - дьявола и сатаны благодаря тому, что приняли Иисуса Христа и стали детьми Божьими.

Странствие израильтян по пустыне в землю Ханаанскую, текущую молоком и медом, не отличается от путешествия веры, которое совершают верующие, стремясь к Царству небесному.

Земля Ханаанская, где течет молоко и мед

После того как израильтяне вышли из Египта, Бог не повел их прямо в землю Ханаана. Им пришлось странствовать по пустыне, потому что кратчайший путь в Ханаан пролегал через мощное государство Филистию.

Чтобы пройти эту землю, нужно было воевать против сильных филистимлян. Бог знал, что те, у кого нет веры, захотят вернуться в Египет, когда дело дойдет до войны.

Таким же образом только что принявшие Иисуса Христа не обретают истинную веру сразу. Так, если они сталкиваются с серьезными испытаниями, подобными сильной Филистии и филистимлянам, то могут не преодолеть их и оставить веру.

Поэтому Бог говорит: *«Вас постигло искушение не иное, как человеческое; и верен Бог, Который не попустит вам быть искушаемыми сверх сил, но при искушении даст и облегчение, так чтобы вы могли перенести»* (1-е посл. к Коринфянам, 10:13).

Хоть мы и стали детьми Божьими, нам еще предстоит пройти путь веры, прежде чем мы достигнем Царства небесного, точно как и израильтяне, которые странствовали в пустыне, пока не пришли в землю Ханаана.

Несмотря на суровые условия пустыни, те, у кого была вера, не пошли назад в Египет, потому что желали увидеть свободу, мир и изобилие земли Ханаанской. То же происходит и с нами сегодня.

Хотя иногда и приходится идти по узкой и трудной тропе, но мы верим в блаженство Небесного царства. Итак, мы не сочтем путь веры трудным, если преодолеваем его с Божьей помощью.

И наконец народ Израиля начал путешествие в землю Ханаанскую, где течет молоко и мед. Они оставили места, где жили более 400 лет, и начали поход веры, который возглавил Моисей.

Были те, кто гнал скот. Другие грузили одежду, серебро и золото, полученные от египтян. Кто-то собирал в дорогу пресное тесто, кто-то заботился о малых детях и стариках. Огромное количество израильтян спешило выйти в путь.

«И отправились сыны Израилевы из Раамсеса в Сокхоф до шестисот тысяч пеших мужчин, кроме детей; и множество разноплеменных людей вышли с ними, и мелкий и крупный скот, стадо весьма большое. И испекли они из теста, которое вынесли из Египта, пресные лепешки, ибо оно еще не вскисло, потому что они выгнаны были из Египта и не могли медлить, и даже пищи не приготовили себе на дорогу (Исход, 12:37-39).

В тот день их сердца были полны свободы, надежды и спасения. В ознаменование этого дня, Бог заповедал им во всех поколениях соблюдать праздник опресноков.

Праздник опресноков

В современном христианстве вместо праздника опресноков отмечают Пасху. Пасха – праздник воздаяния Богу благодарности за прощение всех наших грехов через распятие Иисуса. Мы также отмечаем ее как день, когда мы обрели возможность выйти из тьмы и жить во Свете Его воскресения.

Праздник опресноков - один из трех главных праздников Израиля. Это праздник в воспоминание о факте, что рука Божья вывела их из Египта. Начиная с вечера Пасхи, они едят пресный хлеб в течение семи дней.

Даже после того как сам фараон и все египтяне пострадали от многих казней, он не передумал. Наконец, Египет постигла кара смертью первенцев, и сам фараон потерял своего первого сына. Фараон спешно вызвал Моисея и Аарона и приказал им немедленно покинуть Египет. Таким образом, у них не было времени ждать, пока тесто поднимется. По этой причине, им пришлось есть пресный хлеб.

И еще, Бог велел им есть пресный хлеб, чтобы они помнили времена страданий и благодарили за освобождение из рабства.

Пасха – это праздник, в который отмечают спасение от смерти первенцев. В этот день едят ягненка, горькие травы и пресный хлеб. Праздник опресноков – это воспоминание о том, что при спешном исходе из Египта они целую неделю ели в пустыне именно пресный хлеб, то есть опресноки.

Сегодня у израильтян вся неделя, когда они отмечают Пасху, нерабочая.

«Не ешь с нею квасного; семь дней ешь с нею опресноки, хлебы бедствия, ибо ты с поспешностью

вышел из земли Египетской, дабы ты помнил день исшествия своего из земли Египетской во все дни жизни твоей» (Второзаконие, 16:3).

Духовное значение праздника опресноков

«Семь дней ешьте пресный хлеб; с самого первого дня уничтожьте квасное в домах ваших, ибо кто будет есть квасное с первого дня до седьмого дня, душа та истреблена будет из среды Израиля» (Исход, 12:15).

Здесь, «самый первый день» - это день спасения. После того как израильтяне были спасены от смерти первенцев и вышли из Египта, им пришлось семь дней есть опресноки. Таким же образом, после того как мы приняли Иисуса Христа и получили Святой Дух, нам надлежит духовно вкушать опресноки, чтобы достичь полного спасения.

В духовном смысле, вкушать опресноки - значит оставить мир и вступить на узкую тропу. После принятия Иисуса Христа мы должны усмирить себя и идти узкой тропой, чтобы достичь полного спасения со смиренным сердцем.

Есть квасной хлеб вместо опресноков значит идти широким и легким путем в погоне за бесполезными вещами, которые предлагает этот мир и которые только кажутся ценными. Очевидно, что вставшие на этот путь не получат спасения. Поэтому Бог сказал, что едящие квасной хлеб будут отсечены от Израиля.

Итак, чему нас учит праздник опресноков сегодня?

Первое - всегда нужно помнить и благодарить Бога за любовь и благодать спасения, которые мы незаслуженно получили благодаря Иисусу Христу, искупившему наши грехи.

Израильтяне вспоминают времена рабства в Египте, когда семь дней едят опресноки и благодарят Бога за их спасение. Подобно тому, мы, верующие, духовные израильтяне, должны помнить благодать и любовь Бога, выведшего нас на путь вечной жизни, и во всем и за все благодарить Его.

Нам нужно помнить день, когда мы встретили и ощутили Бога в своей жизни, и день, когда мы родились свыше от воды и Духа, благодарить Бога и воздавать Ему должное за Его благодать. Такой же духовный смысл и у праздника опресноков. Истинно благие сердцем никогда не забудут ни одной милости, полученной от Господа. Такова обязанность человека и порыв благого праведного сердца.

Если сердце благое, независимо от трудностей дня сегодняшнего, мы никогда не забудем любовь и милость

Его, будем благодарить за благодать и всегда радоваться.

Именно такое сердце было у Аввакума, жившего во времена царя Иосии, примерно в 600-х годах до Р.Х.:

> «Хотя бы не расцвела смоковница и не было плода на виноградных лозах, и маслина изменила, и нива не дала пищи, хотя бы не стало овец в загоне и рогатого скота в стойлах, - но и тогда я буду радоваться о ГОСПОДЕ и веселиться о Боге спасения моего» (Аввакум, 3:17-18).

Его стране, Иудее, грозила опасность от халдеев (вавилонян), и пророку Аввакуму пришлось увидеть наступающий закат своей страны, но, вместо того чтобы впасть в отчаяние, Аввакум вознес хвалу и благодарение Богу.

Подобно этому, независимо от обстоятельств или жизненных условий, помня лишь об одном факте своего спасения Божьей благодатью, за что нам не пришлось ничем заплатить, мы уже можем быть благодарны от всего сердца.

Второе - жизнь веры не должна течь по привычке, походя на прежний образ существования без веры: нельзя вести христианскую жизнь, в которой нет движения вперед и нет перемен.

Если мы живем как христиане, но не проявляем активности, то остаемся там, где были. Это - застойная жизнь, без движения или изменения. А это значит, что наша вера теплая, привычная. То есть мы демонстрируем веру лишь формально, а сердце наше остается необрезанным.

Если мы холодные, то можем получить определенное наказание от Бога, чтобы мы могли измениться и обновиться. А если мы теплые, то идем на компромисс с миром и не пытаемся избавиться от грехов. Мы уже не отойдем от Бога полностью, сознательно и легко, поскольку уже получили Святой Дух и очень хорошо знаем, что есть Небеса и ад.

Если мы чувствуем свои недостатки, то будем молиться Богу о них. Но теплые не проявляют активности. Они становятся просто «посетителями» церкви.

Они могут скорбеть, чувствовать тревогу и сокрушаться в сердце, но со временем даже эти чувства исчезнут.

«Но, как ты тепл, а не горяч и не холоден, то извергну тебя из уст Моих» (Откровение, 3:16). Как видите, сказано, что такие не могут быть спасенными. Поэтому Бог постановил нам соблюдать разные праздники, чтобы время от времени проверять свою веру и стремиться к достижению уровня зрелости веры.

Третье - нужно всегда хранить благодать первой любви. Если мы ее потеряли, нужно подумать, где и когда совершилось падение, покаяться и быстро возродить первую любовь.

Любой принявший Господа Иисуса может ощутить благодать первой любви. Благодать и любовь Бога настолько велики, что каждый день будет для вас радостью и счастьем.

Как родители радуются, что дети растут, так и Бог ожидает, что Его дети будут расти в вере, и они достигнут более высокого уровня. Но если мы в какой-то момент теряем благодать первой любви, наши энтузиазм и любовь могут охладеть. И даже молитва может стать простой обязанностью.

Пока мы не достигнем уровня полного освящения, мы в любое время можем потерять первую любовь, если предадим свои сердца сатане. Таким образом, если мы потеряли благодать пылкой первой любви, нужно разобраться в причине, быстро покаяться и вернуться в исходное положение.

Многие считают, что христианская жизнь - это узкий и трудный путь, но Второзаконие, 30:11, говорит: «Ибо заповедь сия, которую я заповедую тебе сегодня, не недоступна для тебя и не далека». Если мы осознаем истинную любовь Бога, то путешествие по жизни в вере никогда не трудно. Это так, потому что настоящие краткие страдания наши не идут ни в какое сравнение с наградой, которая будет дана нам после. Мы счастливы, представляя себе эту награду.

Следовательно, как верующие, живущие в последние дни, мы должны всегда жить во Свете и в послушании

Слову Божьему. Если мы не вступаем на мирской широкий путь, а избираем узкий путь веры, то сможем войти в землю Ханаанскую, где текут молоко и мед.

Бог даст нам благодать спасения и радость первой любви. Он поможет нам совершить освящение, и Он позволит нам, пройдя путем веры и приложив усилия, достичь Царствия небесного.

Глава 10

Жизнь в послушании и благословении

Второзаконие, 28:1-14

«Если ты... будешь слушать гласа Господа Бога твоего, тщательно исполнять все заповеди Его, которые заповедую тебе сегодня, то Господь Бог твой поставит тебя выше всех народов земли; и придут на тебя все благословения сии и исполнятся на тебе, если будешь слушать гласа Господа, Бога твоего. Благословен ты в городе и благословен на поле. Благословен плод чрева твоего, и плод земли твоей, и плод скота твоего, и плод твоих волов, и плод овец твоих. Благословенны житницы твои и кладовые твои. Благословен ты при входе твоем и благословен ты при выходе твоем»

История Исхода израильского народа дает нам ценные уроки. Как казни обрушились на фараона и Египет за их непослушание, так и народу Израиля на пути в землю Ханаанскую пришлось пострадать и вынести лишения, потому что они пошли против воли Бога.

Благодаря Пасхе они были освобождены от казни смертью первенцев. Но когда на пути в Ханаан они остались без питьевой воды и пищи, то начали роптать.

Они сделали золотого тельца и поклонялись ему, они говорили худое об Обетованной Земле и даже восстали против Моисея. Все это потому, что они не смотрели глазами веры на свой путь в Ханаан.

В результате, первое поколение Исхода, все, за исключением Иисуса Навина и Халева, погибли в пустыне. Только Иисус Навин и Халев поверили обещанию Бога и были послушны Ему. Они и вошли в землю Ханаана вместе со вторым поколением Исхода.

Благословение вхождения в Ханаанскую землю

Из их веры в Бога многое было утеряно, поскольку первое поколение Исхода принадлежало к тем, которые родились и воспитывались в языческой культуре Египта на протяжении 400 лет. К тому же, много зла было посеяно в их сердцах, пока они были гонимы и страдали.

Но израильтяне второго поколения Исхода были научены Слову Божьему смолоду. Они отличались от поколения своих родителей, потому что были свидетелями многих могущественных дел Божьих.

Они понимали, почему поколение их родителей не могло войти в землю Ханаана, но и им пришлось 40 лет оставаться в пустыне. Имея истинную веру, они были полностью готовы слушаться Бога и своего лидера.

В отличие от родителей, которые постоянно жаловались, даже после того как им были явлены многочисленные дела Божьи, это поколение дало обет во всем повиноваться Богу. Они признали Иисуса Навина, который по воле Божьей занял место Моисея, и стали полностью подчиняться ему:

«Как слушали мы Моисея, так будем слушать и тебя: только ГОСПОДЬ, Бог твой, да будет с тобою, как Он был с Моисеем; всякий, кто воспротивится повелению твоему и не послушает слов твоих во всем, что ты ни повелишь ему, будет предан смерти. Только будь тверд и мужествен!» (Иисус Навин, 1:17-18).

Сорок лет, проведенные израильтянами в пустыне, не были одним лишь временем наказания. Они стали временем духовной подготовки второго поколения Исхода, которое вошло в землю Ханаанскую.

Перед тем как благословить нас, Бог дозволяет наше всестороннее духовное воспитание, через которое мы обретаем веру. Дело в том, что без духовной веры невозможно получить спасение и войти в Небесное царство.

Кроме того, если бы Бог посылал благословения до того, как у нас появляется духовная вера, то, скорее всего, большинство из нас возвращалось бы в мир. Итак, Бог являет нам удивительные деяния Своей силы, и иногда допускает испытания, чтобы вера наша возрастала.

Первое испытание послушания, с которым столкнулось второе поколение Исхода, – это река Иордан. Иордан отделяет плоскогорье Моава от земли Ханаанской. В те далекие времена воды этой реки были бурными и нередко затопляли берега.

Что же сказал Бог? Он велел священникам водрузить Ковчег Завета на плечи и пойти через реку во главе колонны. Стоило народу услышать волю Божью из уст Иисуса Навина, и все без колебания устремились через Иордан вслед за священниками.

Люди верили во Всезнающего и Всемогущего Бога, и поэтому подчинились Его велению без сомнений и ропота. В результате, как только ноги священников коснулись воды, речной поток остановился, и народ смог пройти по нему, как по земле.

Кроме того, израильтяне до основания разрушили Иерихон, считавшийся неприступной цитаделью. В отличие от наших времен, в их распоряжении не было мощного вооружения, без которого фактически невозможно сокрушить два ряда крепостных стен.

Даже при наличии оружия было бы крайне сложно взять эту крепость. Но Бог просто повелел им ходить вокруг города раз в день в течение шести дней, а на седьмой рано утром пройти вокруг нее семь раз и громко воскликнуть.

В то время, как неприятельский караул бдительно стоял у бойниц, Израильский народ, второе поколение Исхода, безо всякого колебания вышло к стенам крепости.

Конечно, у неприятеля была возможность осыпать израильтян градом стрел или попросту схватить их. Но даже в столь опасной ситуации они подчинились Божьему велению и ходили вокруг города. Когда народ Израиля исполнил Слово Божье, мощные крепостные стены не устояли.

Обретение благословений через послушание

Благодаря послушанию возможно преодолеть любое препятствие. Именно таков путь обретения удивительной силы Божьей. С человеческой точки зрения, некоторые задачи невыполнимы. Но для Бога нет ничего невозможного, ведь Бог всесилен.

Чтобы показать послушание, подобное тому, как «испечь на огне агнца», нам следует слушать и понимать Слово Божье, исполнившись Духом Святым.

Так же, как и народ Израиля из поколения в поколение отмечает Пасху и праздник опресноков, мы всегда должны помнить Слово Божье и исполнять его. А именно, мы должны постоянно совершать обрезание сердца Словом Божьим, искоренять в себе грехи и зло, благодарить Бога за милость спасения.

Лишь тогда нам будет дарована истинная вера, и мы сможем быть по-настоящему послушными.

Возможно, существуют заповеди, которые мы не можем исполнить силой человеческого разумения, знания и «здравого смысла». Но воля Божья для нас заключается в послушании даже в этих случаях. Когда мы показываем такое послушание, Бог являет нам великие дела и удивительные благословения.

В Библии повествуется о том, как многие люди получили невероятные благословения через послушание. Даниил и Иосиф обрели благословения, потому что глубоко верили в Бога и даже пред лицом смерти исполняли Слово Божье. Кроме того, жизнь отца веры Авраама позволяет нам понять, насколько угодно Богу послушание.

Благословения, ниспосланные Аврааму

«И сказал ГОСПОДЬ Авраму: пойди из земли твоей, от родства твоего и из дома отца твоего, в землю, которую Я укажу тебе; и Я произведу от тебя великий народ, и благословлю тебя, и возвеличу имя твое, и будешь ты в благословение» (Бытие, 12:1-2).

В то время Аврааму было 75 лет, он был отнюдь не молод. В особенности нелегко ему было оставить свою страну и покинуть родных, не имея даже сыновей-наследников.

Кроме того, Бог не указал ему, куда направляться. Он просто повелел ему идти. По человеческому разумению, подчиниться такому велению было бы крайне сложно. Ему пришлось оставить свое имение и пойти в совершенно незнакомое место.

Нелегко оставить все и отправиться в совершенно новое место, даже если у тебя есть уверенность в будущем. Многие ли согласятся отказаться от всего, что имеют, без уверенности в завтрашнем дне? Однако Авраам подчинился Божьей воле.

Был и другой случай, когда смирение Авраама засверкало особым светом. Чтобы убедиться в абсолютном послушании Авраама, Бог допустил еще одно испытание.

Оно позволило Богу благословить Авраама.

Бог повелел ему принести в жертву своего единственного сына, Исаака. Исаак был поистине сокровищем Авраама. Безо всякого сомнения, отец ценил жизнь своего сына выше собственной.

Как сказано в Бытии, 22:3, на следующий день, после того как Бог говорил с ним, Авраам встал рано утром, подготовил все для жертвы всесожжения Богу и пошел на место, о котором сказал ему Бог.

На этот раз уровень его послушания был еще выше, чем тогда, когда он покинул родину и отчий дом. Тогда он подчинился, не ведая воли Божьей. Но когда Бог повелел Аврааму принести в жертву Исаака, он понимал сердце Божье и исполнил Его волю. В Послании к Евреям, 11:17-19, описана вера Авраама в то, что Бог даже в силах воскресить сына из мертвых, если тот будет принесен в жертву всесожжения, потому что сын был семенем, полученным по обещанию Бога.

Богу была угодна вера Авраама, и Он Сам приготовил другую жертву. После того как Авраам прошел это искушение, Бог назвал его Своим другом и ниспослал ему великие благословения.

И сегодня Израиль испытывает недостаток в воде. В те времена земля Ханаанская была еще более скудной. Но куда бы ни направлялся Авраам, воды было в избытке. Даже его племянник Лот, находившийся при Аврааме, получил великое благословение.

У Авраама было много скота, серебра и золота, он был весьма богат. Когда Лот был пленен, Авраам вооружил 318 своих людей и спас Лота. Даже по этому факту мы можем видеть, насколько Авраам был богат.

Авраам исполнял Слово Божье. Его земля и ее окрестности получили благословения, находившиеся при нем люди тоже были благословлены.

Через Авраама обрел благословения и его сын Исаак, а от его многочисленных потомков произошел целый народ. Более того, Бог обещал благословения всякому благословляющему Авраама и проклятие - всякому его проклинающему. Он пользовался таким уважением, что даже цари соседних народов платили ему дань.

Авраам удостоился всевозможных благословений, которые только существуют на земле: богатства, славы, авторитета, здоровья и потомства. Как записано в 28-й главе Второзакония, было благословлено и вхождение его, и выхождение.

Он сделался источником благословений и отцом веры. Сверх того, он мог более глубоко постичь сердце Божье, и Бог мог разделить с ним Свое сердце как с другом. Сколь величественен этот дар!

Бог есть любовь, поэтому Он желает, чтобы все стали подобными Аврааму, достигли благословений и славы. Поэтому Бог оставил нам столь подробное описание жизни

Авраама. Всякий следующий его примеру послушания Слову Божьему способен обрести те же благословения вхождения и выхождения, которых удостоился Авраам.

Любовь и справедливость Бога, желающего нас благословить

До сего момента мы рассматривали десять казней египетских и Пасху – путь спасения израильтян. Это позволяет нам лучше понять, почему на нас обрушиваются несчастья, как можно их избежать и как мы можем быть спасены.

Если мы страдаем от тягот или болезней, мы должны осознать, что их причина кроется в наших грехах. Затем следует незамедлительно оглянуться на свою жизнь, покаяться и избавиться от всякого рода зла. Кроме того, пример Авраама позволяет нам понять, как чудесны и невообразимы благословения, даруемые Богом тем, кто исполняет Его волю.

У любой беды есть причина. В зависимости от того, насколько мы осознаем ее своим сердцем, отворачиваемся от греха и зла и меняем себя, результаты могут быть весьма различны. Кто-то просто расплачивается за свои злодеяния, тогда как другим страдания помогают осознать тьму и зло в своем сердце и измениться.

В 28-й главе Второзакония сравниваются благословения

и проклятия, к которым приводят послушание и непослушание Слову Божьему.

Бог желает благословить нас, но как Он сказал во Второзаконии, 11:26: *«Вот, я предлагаю вам сегодня благословение и проклятие».* Выбирать нам самим. Если посеешь пшеницу, то пшеница и взойдет. Схожим образом, сатана навлекает на нас беды в результате наших собственных грехов. В таком случае Богу, по справедливости, приходится допустить несчастья.

Родители хотят, чтобы их дети преуспели в жизни. Поэтому они говорят: «Хорошо учись!», «Поступай достойно!», «Переходи дорогу в правильном месте!». Обладая таким же любящим сердцем, Бог даровал нам Свои заповеди и желает, чтобы мы исполняли их. Родители никогда не пожелают, чтобы их дети были непослушными и встали на путь несчастия и погибели. Так же и у Бога нет желания, чтобы мы мучались от проблем.

Поэтому я молюсь именем Господа нашего Иисуса Христа, чтобы вы осознали, что воля Божья о чадах своих не в бедах, а в благословениях. И чтобы вы обрели благословения при вхождении и выхождении своем и во всем преуспели через жизнь в послушании.

Автор
д-р Джей Рок Ли

Д-р Джей Рок Ли родился в городе Муан, в провинции Джэоннам Южной Корейской Республики, в 1943 году. Начиная с двадцати лет, д-р Ли страдал от различных неизлечимых заболеваний и в течение семи лет жил в ожидании смерти, без всякой надежды на исцеление. Но однажды, весной 1974 года, сестра привела его в церковь, где он, упав на колени, молился, и Живой Бог сразу исцелил его от всех болезней.

С той минуты, как д-р Ли чудесным образом встретился с Живым Богом, он искренне возлюбил Его всем сердцем, и в 1978 году он был призван на служение Богу. Он усердно молился и неустанно постился, чтобы ясно понять волю Божью, полностью исполнить ее и повиноваться каждому слову Божьему. В 1982 году он основал Центральную церковь «Манмин» в городе Сеуле (Южная Корея), и с того момента бесчисленные дела Божьи, включая чудесные исцеления и знамения Божьи, были явлены в этой церкви.

В 1986 году д-р Ли был рукоположен в сан пастора на ежегодной Ассамблее Корейской церкви Христа в Сингкуоле, а спустя ещё четыре года, в 1990 году, его проповеди начали транслироваться в Австралии, России, на Филиппинах и во многих других странах, а также по каналам «Дальневосточной вещательной компании», «Азиатской вещательной компании» и «Вашингтонской христианской радиостанции».

Через три года, то есть в 1993 году, журнал *Христианский Мир* (США) внес Центральную церковь «Манмин» в список пятидесяти лучших церквей мира; колледж Христианской веры в штате Флорида (США) присвоил д-ру Ли степень почетного доктора богословия, а в 1996 году Теологическая семинария Кингсвэй (штат Айова, США) присвоила ему степень доктора христианского служения.

С 1993 года д-р Ли, проведя крусейды в Израиле, США, Танзании, Аргентине, Уганде, Японии, Пакистане, Кении, на Филиппинах, в Гондурасе, Индии, России, Германии и Перу, вошел в ряд лидеров мировой миссионерской деятельности.

В 2002 году, за его труд по проведению ряда впечатляющих объединенных крусейдов, ведущие христианские газеты Кореи назвали его «пастором всемирного пробуждения». Особенно отмечена его Нью-Йоркская евангелизационная кампания 2006 года, прошедшая в «Madison Square Garden», которая транслировалась в 220-ти странах мира.

Также особо отмечен Объединенный крусейд в Израиле в 2009 году, прошедший в международном Центре конгрессов Иерусалима, когда Иисус Христос был открыто провозглашен Мессией и Спасителем. Тогда проповеди д-ра Джей Рока Ли через спутниковое вещание транслировались на 176 стран.

В 2009-м и 2010 годах ведущий христианский мега-портал «In Victory», а также новостное агентство *«Christian Telegraph»* назвали д-ра Ли одним из 10-ти ведущих христианских лидеров мира.

По данным на сентябрь 2017 года, Центральная церковь «Манмин» объединяет более 130.000 членов. У церкви более 11.000 дочерних и ассоциативных церквей во всем мире, включая 56 филиала в самой Корее. Кроме того, более 98-ти миссионеров направлены в 23 страны, включая США, Россию, Германию, Канаду, Японию, Китай, Францию, Индию, Кению и многие другие страны.

На момент публикации этой книги д-р Ли написал 109-х книг, в том числе такие бестселлеры, как *Откровение о вечной жизни в преддверии смерти», «Моя Жизнь, Моя Вера» (I и II), «Слово о Кресте», «Мера Веры», «Небеса» (I и II), «Ад» и «Сила Божья».* Его книги уже переведены на 76 языков мира.

Его статьи на тему христианской веры регулярно публикуются в следующих периодических изданиях: The Hankook Ilbo, The JoongAng Daily, The Chosun Ilbo, The Dong-A Ilbo, The Hankyoreh Shinmun, The Seoul Shinmun, The Kyunghyang Shinmun, The Korea Economic Daily, The Shisa News и The Christian Press.

В настоящее время д-р Ли возглавляет многие миссионерские организации и ассоциации. Он, в частности, является главой правления Объединенной церкви святости Иисуса Христа, президентом Международной миссионерской организации Манмин, основателем и главой правлений «Глобальной христианской сети» (GCN), «Всемирной сети врачей-христиан» (WCDN) и Международной семинарии Манмин (MIS).

Небеса I и II

Красочное и подробное описание прекрасных обителей, где блаженствуют граждане Небес, и превосходное разъяснение различных уровней Небесных царств.

Ад

Бог искренен в своем послании человечеству, так как желает, чтобы ни единая душа не оказалась в бездне ада! Вы узнаете о чудовищной жестокости Нижней могилы и ада.

Слово о Кресте

Действенная пробуждающая проповедь для всех, кто пребывает в духовном сне. Прочтя эту книгу, вы узнаете, почему Иисус является единственным Спасителем и истинной любовью Бога.

Откровения о вечной жизни в преддверии смерти

Воспоминания-исповедь преподобного д-ра Джей Рока Ли, рассказ о рождении свыше, спасении и жизни человека, ведущего христианскую жизнь, достойную подражания.

Мера Веры

Какая обитель и какие венцы и награды приготовлены для вас на Небесах? Эта книга содержит в себе мудрость и наставления, необходимые для того, чтобы измерить свою веру и взрастить ее до меры полной зрелости.

www.ingramcontent.com/pod-product-compliance
Lightning Source LLC
Chambersburg PA
CBHW030259130626
46549CB00002B/613